张远航 主编

不忘初心

克思主义在中国的早期传播

忘初心——马克思主义在中国的早期传播》策展组　编著

文物出版社

图书在版编目（CIP）数据

不忘初心：马克思主义在中国的早期传播 /《不忘
初心——马克思主义在中国的早期传播》策展组编著；
张远航主编 . -- 北京：文物出版社，2019.12
　ISBN 978-7-5010-6472-4

　Ⅰ . ①不… Ⅱ . ①不… ②张… Ⅲ . ①马克思主义—
传播—研究—中国 Ⅳ . ① D61

中国版本图书馆 CIP 数据核字（2019）第 267460 号

不忘初心——马克思主义在中国的早期传播

编　　著：《不忘初心——马克思主义在中国的早期传播》策展组
主　　编：张远航

封面设计：谭德毅
版式设计：孙木槿
责任编辑：孙　霞
责任印制：张道奇
责任校对：李　薇

出版发行：文物出版社
社　　址：北京市东直门内北小街 2 号楼
邮政编码：100007
网　　址：http://www.wenwu.com
邮　　箱：web@wenwu.com
经　　销：新华书店
制版印刷：北京荣宝艺品印刷有限公司
开　　本：710毫米×1000毫米　1/16
印　　张：15
版　　次：2019年11月第1版
印　　次：2019年11月第1次印刷
书　　号：ISBN 978-7-5010-6472-4
定　　价：49.80元

目　录

第二篇　马克思主义在中国的早期传播

前　言

19世纪末20世纪初，随着中国封建社会的衰亡和外国势力的入侵，中华民族的优秀儿女奋起抗争，掀起了生生不息的救亡图存运动，马克思主义在西学东渐的大潮中初步传入中国。在俄国十月革命的影响下，经过五四运动，一群进步知识分子敏锐地捕捉到一种思想的力量，并在风云激荡中坚定地选择了这种思想，她就是伟大的马克思主义。中国共产党从诞生之日起，就将马克思主义鲜明地书写在自己的旗帜上，引领中华民族走过近百年的辉煌历程，正向着实现中华民族伟大复兴的光辉彼岸砥砺前行。

本书通过大量历史图片、珍贵文物、文献资料、艺术作品等，展示马克思主义在中国早期传播的艰辛历程，展现早期马克思主义者在探寻救国之道时的坚定信念和不懈追求，激励广大干部群众不忘初心，牢记使命，高扬马克思主义伟大旗帜，坚定中国特色社会主义的道路自信、理论自信、制度自信、文化自信，不断开辟21世纪马克思主义发展新境界，让当代中国马克思主义放射出更加灿烂的真理光芒。

第一篇

马克思、恩格斯、列宁的不朽人生

第一章

马克思

马克思（Karl Marx，一八一八~一八八三年）全世界无产阶级和劳动人民革命导师，马克思主义创始人。

马克思画像（蒋兆和绘）

为人类服务的青年

卡尔·马克思（Karl Marx，1818~1883年），全世界无产阶级和劳动人民的革命导师，马克思主义的主要创始人。1818年5月5日，马克思出生于德国特里尔市（时属普鲁士王国）的一个律师家庭。马克思的出生是一个矛盾结合体：他是无产阶级的导师和革命领路人，却出生在安逸的中产阶级家庭；他成长在历史悠久的德国古城，却把他和当时德国不发达的残酷现实联系在一起；他的家庭具有彻底的犹太血统，却又作为新教徒迫不得已地生活在天主教地区，这使他的家庭从没有把自己看成是社会环境中的统一整体。特里尔市深厚的历史文化深刻影响了他，但法国大革命和法国空想社会主义的思想也影响了他；特里尔市的大主教极力谴责空想社会主义，而城市委员会书记（地方首脑）却倡导空想社会主义，并且不断揭露不断扩大的贫富差别以及因此而产生的对立等等；种种被排除在社会整体之外的社会环境中的因素，使得马克

特里尔布吕肯街664号（现为布吕肯街10号），1818年5月5日马克思在这里出生

特里尔中学

思更多倾向于用批判的眼光来观察社会。

马克思的父亲思想开明，学识渊博，能背诵伏尔泰和卢梭的作品。马克思没有上过小学，在父亲的指导下，完成了启蒙教育。

1835 年，17 岁的马克思从特里尔中学毕业。他的中学毕业论文是《青年在选择职业时的考虑》。他在中学毕业论文中就表达了为人类服务的远大抱负。

燕妮是特里尔城让年轻小伙子们着迷的女孩，当然，比她家富有、比她漂亮的年轻女子也有不少，但没有一个像燕妮那样集美貌与智慧于一身。燕妮的父亲是特里尔城最高行政长官，拿着当地最高的薪酬。父亲思想开明，对法国空想社会主义尤为欣赏，这直接影响了燕妮。燕妮有个同父异母的哥哥，叫斐迪南，在普鲁士政府任职，以成为国王的仆人感到自豪，可以说，

特里尔城今貌

父亲有多开明，斐迪南就有多保守。燕妮的父亲同马克思的父亲既是同事，又是朋友，对青年马克思的思想产生过重大影响。在他的指导下，马克思对文学产生了浓厚兴趣，同时开始吸收空想社会主义思想。燕妮的父亲对两位年轻人的影响，奠定了他们共同的志趣。

两个家庭在生活中有很多交集，除了父辈们的来往外，燕妮极其宠爱的弟弟埃德加和马克思是同班同学，马克思最亲密的姐姐索菲娅是燕妮的闺蜜。这样，马克思很小的时候，就进入了燕妮的视野。马克思在中学毕业论文中写下的话，深深打动了燕妮：

如果我们选择了最能为人类而工作的职业，那么，

忠贞的爱情（张文新绘）

重担就不能把我们压倒，因为这是为大家作出的牺牲；那时我们所享受的就不是可怜的、有限的、自私的乐趣，我们的幸福将属于千百万人，我们的事业将悄然无声地存在下去，但是它会永远发挥作用，而面对我们的骨灰，高尚的人们将洒下热泪。

一个出自小地方的毛头小子决定为了全人类的幸福而奉献自己，这正是燕妮父亲给他描绘的英雄人物，如歌德书中的威廉·迈斯特、席勒书中的卡尔·冯·摩尔，甚至可能会成为雪莱书中的普罗米修斯；这个小她四岁的少年展现出的磅礴自信和勇气，以及对知识这种力量的确信无疑，让燕妮崇拜不已，这便是她爱上马克思的原因。1836年夏，两人订下了终身：燕妮·威斯特华伦愿意嫁给卡尔·马克思。

24岁的哲学博士

1835年10月，马克思遵照父亲的意愿，进入伯恩大学学习法律。第一年他以极大的热情投入了学习，先报名选修了9门课程，后来在父亲的建议下，减少到6门，其中有3门是文学。当然，像很多出入大学的其他男孩子一样，马克思参加了学校里的同乡会。据说同乡会的主要活动，就是聚在一起喝酒取乐。他还参与了特里尔同乡会与其他学校学生的打斗，在一次争斗中，马克思还弄伤了左眼。因此，父亲对马克思今后的道路感到极其担忧。

一年后，在父亲的要求下，马克思转到了柏林大学。柏林，是当时普鲁士王国的首都，专制统治的中心，到处笼罩着保守压抑的气氛。但德国人说："英国拥有海洋，法国拥有陆地，而我们拥有'思想的天空'。"如今，在柏林大学主楼大厅最显眼的位置，镶刻着马克思的名言："哲学家们只是用不同的方式解释世界，问题在于改变世界。"德国古代哲学大师费希特、黑格尔都曾担任过这所大学的校长。可以说，柏林大学浓郁的哲学氛

柏林大学主楼镶刻的马克思的名言：哲学家们只是用不同的方式解释世界，问题在于改变世界

围使马克思对哲学产生了兴趣。①

　　马克思来到柏林之后，断绝了从前的一切交往，专心于学习和研究。在柏林的头几个月，马克思实际上过得很艰难，燕妮在特里尔也过得并不轻松。由于两人私订终身的事情只有马克思的一家知道，燕妮的父亲并不知晓。所以考虑到燕妮的父母并不知晓，两人决定不通信，这使得燕妮陷入多愁善感的猜疑之中。由于长久得不到马克思的信，燕妮病倒了。燕妮的父母以为她的身体出了问题，但马克思的父亲知道她的病因所在。因此，马克思

① 《不朽的马克思》，人民出版社，2018年，第10页。

波恩大学

的父亲不停地写信提醒马克思要对燕妮负起神圣的责任。

马克思的回复非常坚决,他写就了整整三厚册情书、诗集献给燕妮。在1836年圣诞节期间,通过家人交给了燕妮。前两册叫作《爱之书》,第三册叫《歌之书》,三本书都题为:"献给我亲爱的永远爱着的燕妮·冯·威斯特华伦。"燕妮一直都珍藏着这三本诗集,还时常拿出来,取笑马克思当时的青涩。当然,马克思有更重要的事情要做,那就是自己的学业,和青年黑格尔派的朋友们的交往。

通宵达旦的研究和殚精竭虑的探索很快使马克思病倒了,他接受了医生的建议到柏林郊外的施特拉劳渔村修养。在修养期间,他完成了人生中的两件大事。第一,他阅读了黑格尔的全部

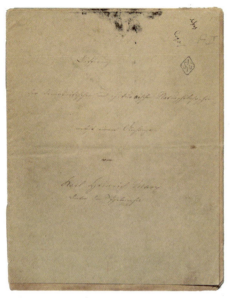

马克思的博士论文

著作，以及黑格尔大部分弟子的著作，沉浸到黑格尔体系中。第二，马克思结识了黑格尔左派成员，加入了他们组织的"博士俱乐部"。马克思是"博士俱乐部"成员中最年轻的一个，但却是最活跃的成员。当时，俱乐部成员赫斯这样评价他："如果把卢梭、伏尔泰、霍尔巴赫、莱辛、海涅和黑格尔结合为一人（我说的是结合，不是凑合），那么结果就是一个马克思博士。"

马克思在大学写了10万多字的读书笔记，在此基础上，完成了4万多字的博士论文。在论文的序言中，他公开表示无神论是自己坚定的信念。

当时的柏林大学是黑格尔唯心主义的堡垒，马克思可能预感到他带有唯物主义思想的博士论文会在柏林大学遭遇阻力，所以，他没有将论文寄给柏林大学，而是寄给了耶拿大学。马克思在朋友、文学教授沃尔弗的帮助下，获得了哲学博士学位。

实现伟大的转变

大学毕业后，马克思的第一份工作，到科隆担任《莱茵报》编辑。《莱茵报》是莱茵省的自由派为保护自身利益对抗柏林而筹建的一份报纸。马克思作为报纸主笔，多次向统治者发起挑战。

当时，莱茵省议会通过了林木盗窃法案，对到地主的林地里捡拾枯枝的农民处以重罪，曾经有15万人因此被拘捕。马克思写下了《关于林木盗窃法的辩论》一文，发表在《莱茵报》上为贫苦农民辩护。《莱茵报》在马克思的主导下，越来越具有革命、民主的倾向。但也触犯了普鲁士当局的利益，最终《莱茵报》被查封，马克思失去了自己的第一份工作。

离开莱茵报后，马克思来到了莱茵省克罗伊茨纳赫小镇，准备与相恋了7年的未婚妻燕妮结婚。1843年6月19日，马克思和燕妮在一座新教教堂举行了婚礼。马克思没有家人出席，燕妮家也只有母亲和弟弟埃德加参加。此时马克思25岁，燕妮29岁。7月，燕妮怀孕了。

蜜月中的马克思，没有停止理论思考与研究工作，他写了大量笔记，进一步厘清思想。之前，马克思已经知道，只有离开德国，才能找到出版表达自由思想的报刊。

1843年的金秋十月，马克思与身孕4个月的燕妮来到了巴黎。在巴黎，马克思和他的朋友、青年黑格尔派成员卢格共同创办了《德法年鉴》杂志。

1844年2月，《德法年鉴》第1、2期合刊出版了马克思在这本杂志上发表的两篇文章《〈黑格尔法哲学批判〉导言》和

England's Kornhandel.

Ueber den Krieg in Algerien.

Von einem Augenzeugen.

马克思 《关于林木盗窃法的辩论》（莱茵报）

A V

Écrits, par des Allemands ou par des Français, les articles de nos Annales traiteront

1) des hommes, des systèmes, qui auront acquis une influence utile ou dangereuse, et des questions politiques du jour, soit qu'elles roulent sur les constitutions, l'économie politique ou sur l'institution publique et sur les mœurs.

2) Nous donnerons une revue des Journaux qui sera en quelque sorte un châtiment et une correction pour les servilités et les bassesses des uns, et servira à signaler les dignes efforts en faveur de l'humanité et de la liberté des autres.

3) Nous y joindrons une revue de la littérature et des publications de l'ancien régime de l'Allemagne, lequel maintenant va périr et s'anéantir, et enfin celles des livres des deux nations, par lesquels commence et se continuera nouvelle ère, où nous entrons.

马克思写的《〈德法年鉴〉办刊方案》

Die Revolution,

Eine Zeitschrift in zwanglosen Heften.

Herausgegeben von

J. Weydemeyer.

Erstes Heft.

Der 18te Brumaire des Louis Napoleon

von

Karl Marx.

New-York.

Expedition: Deutsche Vereins-Buchhandlung von Schmidt und Helmich.
William-Street Nr. 191.

1852.

马克思 《路易波拿巴的雾月十八日》（1852年）

《论犹太人问题》，马克思在文中指出：无产阶级是改造世界的物质力量，其历史使命是消灭私有制，使人类获得真正解放。列宁曾评价说，这两篇文章的发表，标志着马克思完成了从唯心主义向唯物主义、从革命民主主义向共产主义的转变。

在《德法年鉴》上还刊登了另一位作者的两篇文章，《国民经济学批判大纲》和《英国状况》。文章指出：社会经济关系在社会生活中起着决定作用，私有制是资本主义社会的矛盾根源，消灭私有制的力量是无产阶级。马克思预感到他找到了一位志同道合的战友，十分期待与文章的作者弗里德里希·恩格斯见面。马克思与恩格斯第一次有了神交。①

---

① 《不朽的马克思》，人民出版社，2018 年，第 26 页。

伟大友谊的开端（何孔德绘）

忠贞不渝的友谊

1844 年 8 月，恩格斯从英国曼彻斯特返回德国，绕道巴黎看望马克思。这是一次历史性会见。恩格斯在回忆这次会见时说："当我 1844 年夏天在巴黎拜访马克思时，我们在一切理论领域中都显出意见完全一致，从此就开始了我们共同的工作。"

他们合作的第一个成果是合著《神圣家族》，这部著作强调人民群众是历史的创造者。

1845 年 4 月，恩格斯从故乡前往比利时布鲁塞尔，与马克思并肩战斗。他们共同撰写了《德意志意识形态》，第一次对唯物史观作了系统描述，并论述了共产主义和无产阶级革命的理论。

1846 年初，马克思和恩格斯一起在布鲁塞尔创建共产主义通讯委员会，为创建无产阶级政党作了思想上和组织上的准备。

1847 年 1 月，马克思和恩格斯应正义者同盟领导人的邀请参加了同盟，并帮助同盟改组。在马克思和恩格斯的引导和支持下，正义者同盟在 1847 年 6 月召开的代表大会上改组为以科学社会主义为指导思想的第一个国际性的无产阶级政党 —— 共产主义者同盟。

1847 年 11 月，马克思和恩格斯出席共产主义者同盟第二次代表大会，并受委托起草一个准备公布的详细的理论和实践的纲领，即《共产党宣言》。《宣言》于 1848 年 2 月公开发表，标志着马克思主义的诞生，开启了国际共产主义运动的新纪元。

1848 年，一场革命风暴席卷欧洲大陆，先是法国爆发二月革命，接着德国爆发三月革命，欧洲其他一些国家也相继爆发革命。法国二月革命后，共产主义者同盟在巴黎组成了新的中央

马克思、恩格斯和马克思的三个女儿燕妮、劳拉和爱琳娜（1864年5月）

委员会，马克思任主席，恩格斯为委员。德国三月革命爆发后，马克思和恩格斯为同盟中央委员会起草了《共产党在德国的要求》，这个文件体现了《共产党宣言》中规定的共产党人在民主革命中的斗争目标和策略原则，是无产阶级在资产阶级民主革命中的行动纲领。

1848 年 4 月，马克思和恩格斯回到德国参加革命。他们在科隆积极筹办《新莱茵报》作为指导革命斗争的思想阵地，同时与民主派组织建立联系，组成联合阵线。在普鲁士反动当局的迫害下，《新莱茵报》于 1849 年 5 月 19 日被迫停刊，用红色油墨出版了终刊号。

1849 年 11 月，马克思和恩格斯一起改组共产主义者同盟，创办《新莱茵报·政治经济评论》，从理论上对 1848 年革命进行总结。1850 年 3 月和 6 月，他们起草了两篇《共产主义者同盟中央委员会告同盟书》，制定了无产阶级在未来革命中的纲领和策略，强调无产阶级必须建立自己的独立政党。

19 世纪五六十年代，马克思和恩格斯在《纽约每日论坛报》上发表了大量政论文章，两人合作为《美国新百科全书》撰写了一系列军事条目以及传记和地理条目。恩格斯撰写、以马克思名义发表的《德国的革命和反革命》这组文章，全面阐述了德国 1848 至 1849 年革命的起因、性质、过程和失败原因，并通过对德国社会结构、各阶级的社会地位及其在革命中的态度和作用的分析，论述了无产阶级领导权和工农联盟问题，提出了无产阶级革命斗争的策略原则。

马克思创作《资本论》期间，是其一家生活极其困难的时期，恩格斯不遗余力地帮助马克思摆脱艰难困窘的境地，给予了马克思在精神上和物质上巨大的帮助。在理论研究方面，恩格斯也同样满腔热忱地支持马克思的工作，特别是为马克思写作《资本论》奉献了智慧和力量。整整 20 年，这两位挚友几乎每天都有书信往还。他们共同研究《资本论》的篇章结构、重要论点和叙述方法，同时也涉及哲学、历史、军事、语言、科技等各个领域的问题。

1870 年 9 月 20 日，恩格斯从曼彻斯特移居伦敦，住在马克思家附近，俩人从此朝夕相处。

在马克思的提议下，恩格斯被选入国际总委员会，并先后担任多个国家的通讯书记。恩格斯凭借卓越的理论素养、丰富的实践经验和非凡的语言才能，成为马克思最得力的助手。

1871 年 3 月 18 日，巴黎爆发人民起义，推翻了资产阶级政权。3 月 28 日，巴黎公社宣告成立。马克思和恩格斯坚决站在"冲天的巴黎人"一边，充分肯定巴黎公社的革命创举和伟大意义。

公社失败后，马克思和恩格斯组织召开了国际工人协会的两次重要会议——1871 年 9 月的伦敦代表会议和 1872 年 9 月的海牙代表大会。在伦敦代表会议上，马克思和恩格斯抨击了巴枯宁派鼓吹的工人运动应当放弃政治斗争的错误观点，旗帜鲜明地指出，只有实现无产阶级的政治统治，才能达到消灭阶级的目的；为此，无产阶级必须建立独立政党。在海牙代表大会上，马克思和恩格斯揭穿并挫败了巴枯宁分子分裂国际的阴谋。大会决定把巴枯宁派开除出国际，并批准了伦敦代表会议关于无产阶级必须建立独立政党的决议。

从 19 世纪 70 年代开始，马克思和恩格斯为指导欧美国家无产阶级建立自己的政党倾注了大量心血。为了保证马克思克服疾病困扰、继续从事《资本论》的写作，恩格斯越来越多地承担了指导国际工人运动的工作。

1875 年，马克思和恩格斯严厉批评了爱森纳赫派对拉萨尔派所做的无原则让步和纲领中的拉萨尔主义观点，阐述了科学社会主义的重要思想。

1876~1878 年，恩格斯撰写了《欧根·杜林先生在科学中实行的变革》(简称《反杜林论》)，彻底批判了杜林的错误观点，驳斥了他对马克思主义的歪曲和诋毁，系统地阐述了马克思主义哲学、政治经济学和科学社会主义的基本原理。马克思称它是"科学社会主义的入门"。

1878 年 10 月，俾斯麦政府为镇压日益壮大的无产阶级革命运动，颁布了反社会党人非常法。马克思和恩格斯针对这部法令实施后德国党内出现的错误思想倾向，一方面批判了不顾现实条件、盲目要求进攻的"左"倾错误，另一方面批判了要求党服从政府法令、走"合法地"改良主义道路的右倾观点。马克思和恩格斯1879年9月在写给倍倍尔、李卜克内西、白拉克等人的通告信中严厉地批判了党内的改良主义主张，重申阶级斗争对现代社会变革的巨大作用。

1880年5月，马克思和恩格斯应法国工人党领导人茹·盖德和保·拉法格的请求，帮助该党起草了纲领的理论部分，给新生的法国工人党以有力的理论支持，并进一步阐发和丰富了《共产党宣言》的基本观点。

对自己与恩格斯之间的友谊，马克思作了高度的评价，他在写给恩格斯的信中说："我们之间的这种友谊是何等的幸福，你要知道，我对任何关系都没有作过这么高的评价。"恩格斯在给朋友的信中说："我一生所做的是我注定要做的事，就是拉第二小提琴，而且我想我做得还不错。我很高兴我有像马克思这样出色的第一小提琴手。当现在突然要我在理论问题上代替马克思的地位去拉第一小提琴时，就不免要出漏洞，这一点没有人比我自己更强烈地感觉到。"可见，两人的友谊是多么的坚定与深厚，正如列宁评价的那样："超过了古人关于友谊的一切最高动人的传说。"

新世界观的阐述

1845 年 2 月，马克思离开了巴黎，和朋友乘坐马车来到布鲁塞尔。不久，燕妮带着女儿小燕妮也来到这里。1945 年 4 月，恩格斯也迁居到布鲁塞尔，在马克思家的旁边租住了下来。

这段时间内，马克思大致完成了他关于唯物主义历史理论的工作，这一时期保留下来的唯一的文字就是著名的《关于费尔巴哈的提纲》，它被恩格斯誉为"包含着新世界观天才萌芽的第一个文件"。这个提纲文字不多，只有 11 条，1400 多字。《提纲》的重大意义，首先在于它确立了科学的实践观，为马克思主义哲学提供了生长点和立足点。实践的观点是唯物史观最基本的、首要的观点。其中第八条是这样阐述的：

全部社会生活在本质上是实践的。凡是把理论引向神秘主义的神秘东西，都能在人的实践中以及对这个实践的理解中得到合理的解决。

它的最后一条，也就是第 11 条，写道："哲学家们只是用不同的方式解释世界，而问题在于改变世界。"这句话后来被镶刻在马克思曾就读的柏林大学主楼，以及他的墓碑上。这句话太重要了，它是浓缩了马克思思想的一句话。

马克思所指的"哲学家们"，当然是黑格尔、费尔巴哈等人。马克思并不反对解释世界，而黑格尔和费尔巴哈们也并非不想改变世界，只是因为他们的"理论态度"决定了他们解释世界的态度。所以，马克思认为，总是用"理论态度"，没有实践的支撑，最后只会陷入解释世界的泥潭。马克思超越了"理论态度"，提出了"实践的立场"，从而引出人的感性活动、人的实践活动。在马克思的哲学世界里，就是改变世界，即要求改变生产关系，改变无产阶被压迫、被剥削，推翻资产阶级统治的这个"世界"。不能不说，这个提纲，是革命的，是马克思一生思想的浓缩。

布鲁塞尔期间的另一部著作也值得一提。就是马、恩两人合著的《德意志意识形态》，他们较系统地阐述了唯物史观和共产主义理论。习近平总书记在马克思诞辰 200 周年大会讲话中，提到马克思的 4 部著作，其中就有《德意志意识形态》。

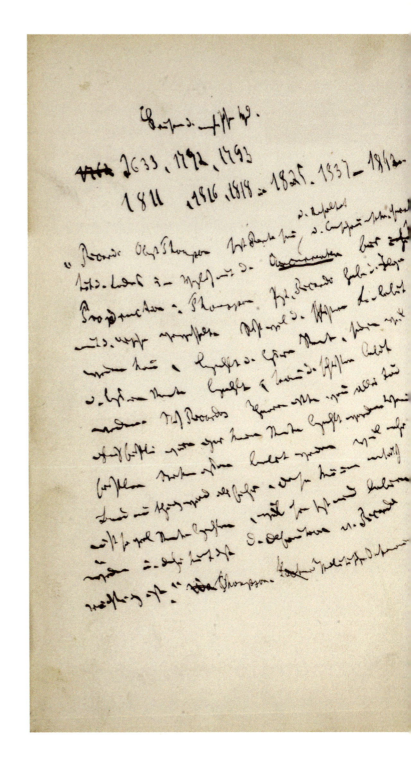

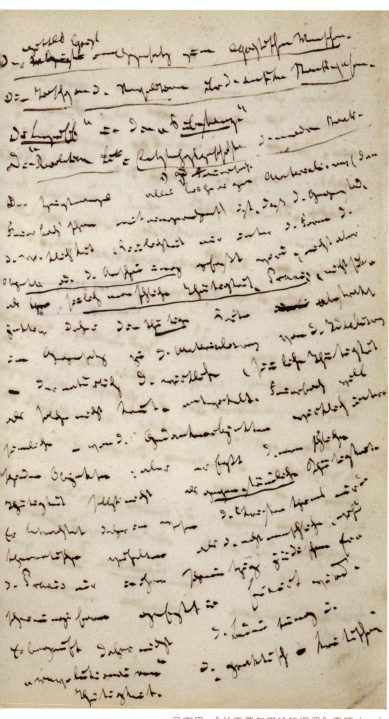

马克思 《关于费尔巴哈的提纲》手稿（一）

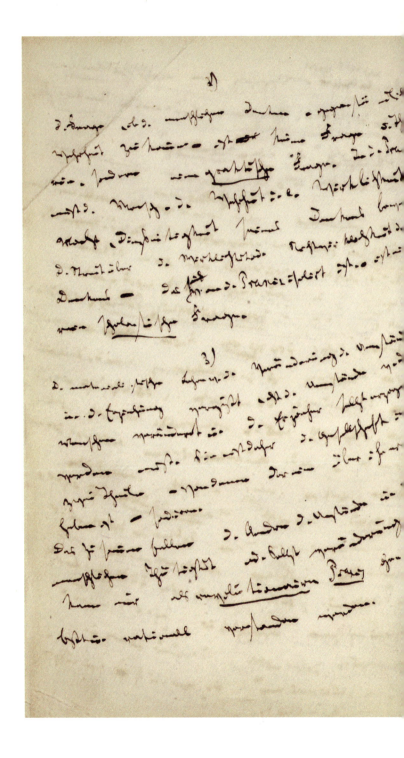

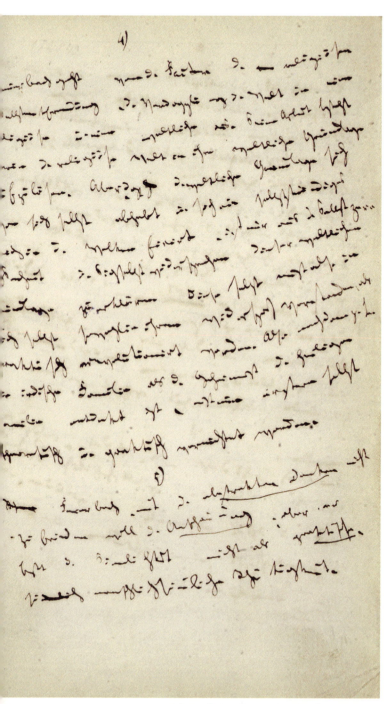

马克思 《关于费尔巴哈的提纲》手稿（二）

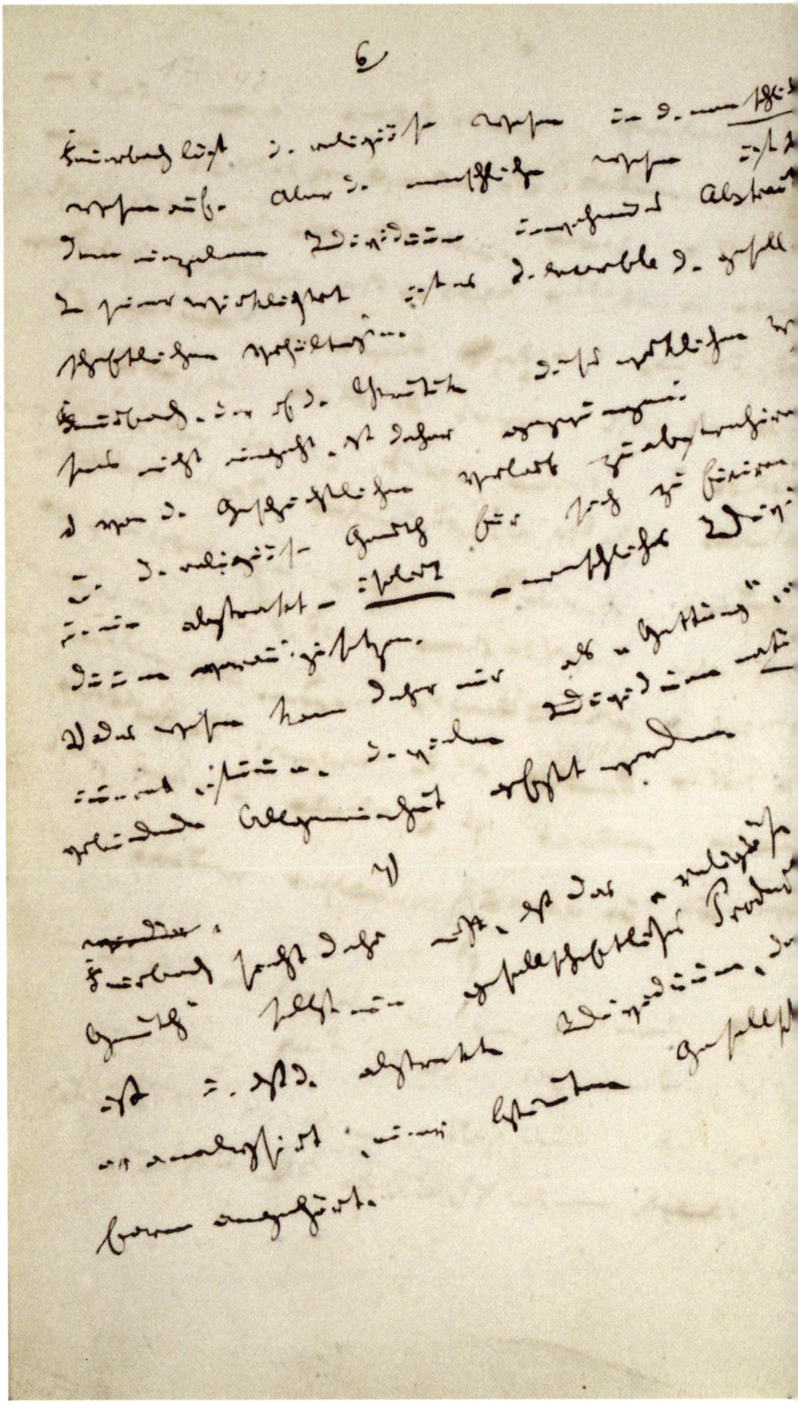

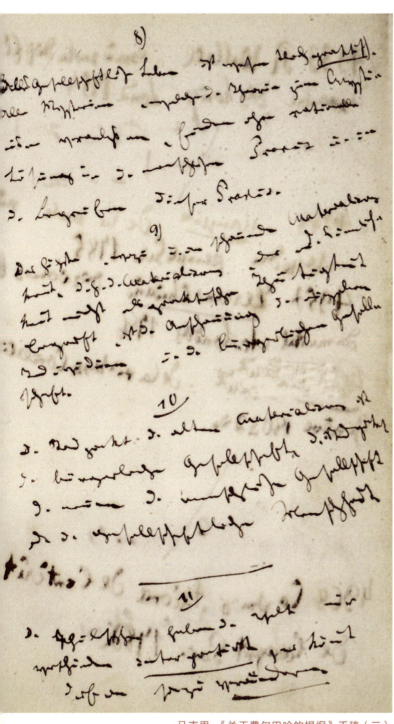

马克思 《关于费尔巴哈的提纲》手稿（三）

创建第一个无产阶级政党

在布鲁塞尔期间，马克思的生活过得并不好。尽管把马克思赶到了布鲁塞尔，普鲁士政府仍不肯罢休，唆使比利时政府把马克思驱逐出境。为了不让反动政府再有借口进行迫害，1845 年底，马克思宣布放弃普鲁士国籍。从此，马克思再也没有取得任何国籍，正如他后来说的，"我是世界的公民"。

但这并妨碍马克思的理论研究和革命活动。在布鲁塞尔期间，马克思深入研究政治经济学，为了解经济学研究的最新状况，他在 1845 年夏天，和恩格斯去英国，做了为期 6 天的考察。英国是当时资本主义发达国家，他看到了资本主义运行的机理，这次英国之行，使马克思更加确信：工人运动必须有科学的理论做指导，而且需要建立一个科学理论指导下的无产阶级政党。

回到布鲁塞尔后，马克思和恩格斯立刻着手建党的准备工作。

首先，他们在布鲁塞尔建立共产主义通讯委员会，接着在德国、法国、英国、芬兰、丹麦等国建立了分支机构，同各国社会主义组织和团体建立了广泛联系，把工人和社会主义者联合起来。

1836 年，英国的德国政治流亡者组成秘密组织 —— 正义者同盟。随着形势的发展，同盟的领导成员逐渐确信马克思和恩格斯理论主张是正确的。

1847 年 1 月 20 日，正义者同盟委托约瑟夫·莫尔拜访马克思和恩格斯，邀请他们加入同盟。马克思在自己的家里接待了莫尔。鉴于同盟领导者愿意改组同盟并接受科学社会主义理论，马克思和恩格斯同意加入并帮助改组同盟。

　　1847 年 6 月，正义者同盟在伦敦红狮旅馆召开了第一次代表大会。恩格斯参加了会议，马克思因为经济困难，没有参加会议。这次大会根据马克思和恩格斯的提议，把"正义者同盟"的名称改为"共产主义者同盟"。同盟章程把推翻资产阶级，建立无产阶级统治确立为革命目标，并把同盟原来的口号"人人皆兄弟"改为"全世界无产者，联合起来"！第一个以共产主义命名的国际无产阶级政党诞生了。这也是马克思、恩格斯创建的第一个无产阶级政党。

马克思主义的诞生

1847 年 11 月底，召开的共产主义者同盟第二次代表大会通过决议，委托马克思和恩格斯起草同盟纲领。

在此之前，为了给同盟起草纲领，恩格斯曾经先后写过《共产主义信条草案》和《共产主义原理》。恩格斯对这两个文件，尤其是它们教义问答式的文体并不满意。但这两个文件为《宣言》的诞生奠定了基础。

马克思和恩格斯商量，决定把原来的纲领草案改写成党的战斗的宣言，取名《共产党宣言》。他们共同拟定大纲后，恩格斯于 1847 年 12 月底赶赴巴黎。马克思用一个月左右的时间完成了《宣言》的写作。

《共产党宣言》保存至今的手稿只剩一页。2013 年，联合国教科文组织把这页《宣言》手稿和《资本论》第一卷马克思自注本一起纳入《世界记忆名录》。联合国教科文组织就这两部作品入选的理由写道：它们同属于 19 世纪最重要出版物的一部分，影响深远，几乎被翻译成了世界上所有的语言，并传播到世界各地。

1848 年 2 月，《共产党宣言》第一版以德文在伦敦出版。《宣言》开篇那句荡气回肠的话，"至今一切社会的历史，都是阶级斗争的历史"，让中国革命先驱无不拜服，砥砺前行。

马克思和恩格斯先后为不同版本的《共产党宣言》写过七篇序言。他们重申，《宣言》所阐述的一般原理整个说来是完全正确的，但是这些原理的实际运用，随时随地都要以当时的历史条件为转移。这七篇序言已经成为《宣言》不可缺少的组成部

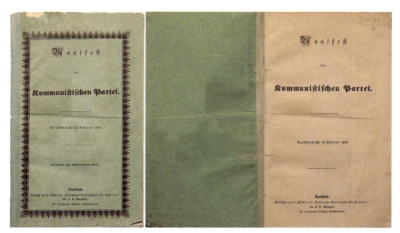

《共产党宣言》德文第1版

分，对于我们全面深刻地把握《宣言》的理论精髓具有极其重要的意义。

《共产党宣言》的问世标志着马克思主义的诞生，开启了国际共产主义运动的新纪元。正如列宁所说：这本书篇幅不多，价值却相当于多部巨著。它的精神至今还鼓舞着、推动着文明世界全体有组织的、正在进行斗争的无产阶级。

目前，全世界已经有100多种语言出版了近3千种《共产党宣言》，它是被世界公认的传播范围最为广泛的社会政治文献，甚至国外有研究者指出，它的传播范围比《圣经》还要广泛。

《宣言》刚刚问世，一场革命风暴便席卷了欧洲大陆。先是1848年2月，法国爆发二月革命。接着，德国爆发三月革命。在法国、德国革命影响下，欧洲其他一些国家也相继爆发革命。

面对迅速发展的革命形势，欧洲各国反动政府加紧对革命者的监视和迫害。1848年3月3日，马克思突然接到比利时国

《新莱茵报》旧址墙壁上挂着的纪念牌

王的一道命令，限他 24 小时内离开比利时。当晚，马克思和燕妮被警察抓捕，关进了市政厅监狱。由于找不到任何罪证，反动当局不得不释放了马克思和燕妮。几个小时后，马克思一家连一些最必需的东西也来不及带走，就被驱逐出了比利时。这是马克思第二次遭到反动政府的驱逐。

马克思又回到了巴黎。由于德国革命迅猛发展，1848 年 4 月上旬，马克思和恩格斯从巴黎秘密回到德国，参加并领导革命斗争。

他们决定创办一份大型的报纸来宣传他们制定的革命路线和策略，指导和组织群众进行斗争。为筹集办报资金，马克思把自己刚刚得到的一笔遗产几乎全部献了出来。1848 年 6 月 1 日，《新莱茵报》第一号在欧洲革命高潮中诞生了。这是第一份革命工人政党的机关报。总编辑是马克思，恩格斯、沃尔夫等人担任编辑。

《新莱茵报》从第一号起就充满着革命的战斗精神，它的每一篇文章都像炮弹似的打中敌人的要害。《新莱茵报》实际上成了当时无产阶级的战斗司令部。

1848 年下半年，德意志各邦的反动势力开始疯狂反扑。由于《新莱茵报》始终站在革命斗争的最前列，遭到了反动当局的打击和迫害。恩格斯因担任《新莱茵报》编辑遭到了通缉。马克思由于没有普鲁士国籍，也被当作"外国人"驱逐出境。这是马克思第三次被驱逐。

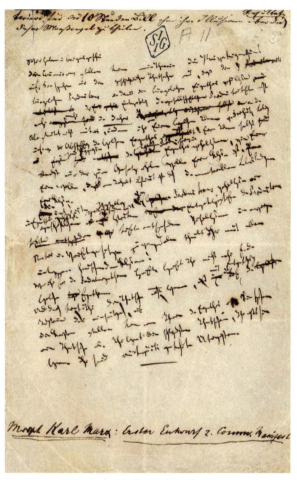

《共产党宣言》手稿

1849 年 5 月 19 日，《新莱茵报》全篇用红色油墨出版了最后一期。马克思发表了告别信，向工人阶级保证："无论何时何地，他们的最后一句话始终将是：工人阶级的解放！"

《新莱茵报》停刊以后，恩格斯到了普法尔茨，在那里加入革命军，当了一名副官，身佩战刀，亲身投入战斗，驰骋沙场。马克思则回到了巴黎。

《资本论》的创作

1848 年欧洲革命失败后，整个欧洲大陆已经容不下马克思了。几经周折，马克思和临近产期的燕妮以及 3 个孩子来到了伦敦，并在索荷区定居下来。

马克思在创作《资本论》期间，生活非常困难，一家七口人既没有积蓄，也没有固定的收入。从 1851 年起马克思开始为《纽约每日论坛报》撰稿，每周撰稿 2 篇，每篇文章稿费为 2 英镑，以微薄的稿酬维持一家的生活。当他们实在没钱的时候，只好靠典当和赊账度日，还时常要依靠恩格斯的接济。

马克思和燕妮共生过 7 个孩子。初到伦敦的几年，家里极度贫困，在短短 5 年的时间内，他们的两个儿子和一个女儿相继夭折。燕妮在她的回忆录中，回忆了这段痛苦的经历："我们绝望地跑到一个法国移民那里……请求他给我们一点资助，他非常友好地给了我两英镑，我用它买了一口小棺材……小女儿出生时没有摇篮，而死时差一点连安身之地都没有。"1855 年，8 岁的大儿子埃德加死在马克思怀中。马克思写给恩格斯的信中，表达了自己痛苦："我已经遭受过各种不幸，但是只有现在我才懂得什么是真正的不幸。"①

迫于经济上的压力，马克思不得不长期依靠恩格斯的资助。在 1865 年他写给恩格斯的一封信中说：

---

① 《不朽的马克思》，人民出版社，2018 年，70 页。

我诚心告诉你，我与其写这封信给你，还不如砍掉自己的大拇指。半辈子依靠别人，一想起这一点，简直使人感到绝望。这时唯一能使我挺起身来的，就是我意识到我们两人从事着一个合伙的事业，而我则把自己的时间用于这个事业的理论方面和党的方面。

可以想象，恩格斯无私的帮助对于马克思的一家是多么的重要。

然而，无论是反动势力的迫害，还是生活的苦难，都不能动摇马克思的钢铁意志。马克思在工作和生活中显得更加坚定沉着、从容不迫、热情开朗。

英国伦敦是资本主义世界的中心，用马克思的话来说，这里对于"考察资产阶级社会是一个方便的地点"。这里成为马克思新的"战场"。

每天清晨，马克思从家里出发，穿过索荷广场，经过牛津街，步行十几分钟就来到了著名的大英博物馆。大英博物馆圆形阅览室里至今还保留着马克思签名的签到簿。据统计，在 20 多年的时间里，马克思读了 1500 余部书籍，其中有 800 多本著作在《资本论》中引用过。马克思当然没有到过中国，但在《资本论》及其手稿中有近百处提到了中国，他把中英鸦片贸易以及由此引起的两次鸦片战争作为世界市场形成的重要材料。[①]

马克思在写作《资本论》过程中，参考了大量有关中国的统计材料，分析中国的社会状况，以及由此引发的战争和革命。马克思把这些思想写入了《中国革命和欧洲革命》《欧洲的金融危机》《鸦片贸易史》等文章中，发表在当时美国影响力最大的进

---

① 《不朽的马克思》，人民出版社，2018 年，第 87 页。

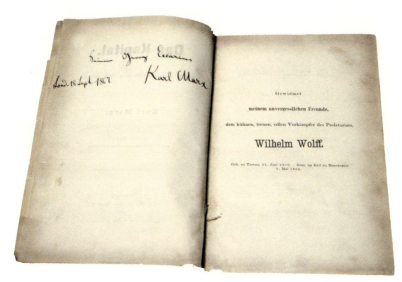

马克思签名的《资本论》德文第1卷第1版

步报刊《纽约每日论坛报》上。马克思和恩格斯在《纽约每日论坛报》上一共发表了十几篇关于中国问题的文章，对晚清中国社会全面走向衰落的现状和阶级进行了深入的分析。他们愤怒声讨了欧洲列强的侵华暴行，热情赞扬中国人民保家卫国的英勇行动。他们预言中华民族必将重新崛起，成为"亚洲新纪元的曙光"。他们的这个预言，在中国共产党领导中国人民进行革命、建设、改革的历程中，得到了有力验证。[1]

当时，整个西方社会，对中国要么是敌视，要么是妖魔化。而唯有马克思、恩格斯站在人类正义的高度，声援中国人民的斗争。

马克思经常通宵达旦地写作《资本论》，他的身体健康每况愈下，有时只能向妻子口述文章。燕妮常坐在马克思的书桌旁替

---

① 《不朽的马克思》，人民出版社，2018年，188页。

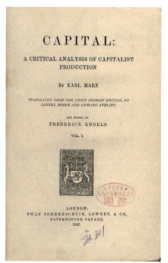

《资本论》英文第1卷第1版　　　　《资本论》俄文第1卷第1版

他誊抄《资本论》的手稿，燕妮后来回忆说，这是她一生中最幸福的时刻。

马克思写作《资本论》时，由于过度用功严重损害了他的健康，他在写给友人的信中这样说道：

> 我一直在坟墓的边缘徘徊。因此我不得不用我还能工作的每时每刻来完成我的著作。为了它，我已经牺牲了我的健康、幸福和家庭。

1867年9月14日，《资本论》第一卷在德国汉堡正式出版了。马克思从20多岁开始研究政治经济学，到此时已经快50岁了。《资本论》第一卷第一版印刷了1000册。资产阶级企图以"沉默"来抵制这部著作的影响，但是工人阶级都把它称为"自

《资本论》第1卷法文版，它是根据《资本论》德文第2版翻译，并经马克思亲自校订的

己的圣经"。150 年来，《资本论》在世界各国广泛流传，至今已经被翻译成 70 余种文字。

第一国际的灵魂

对于很多人来说，马克思只是一位提出理论的思想家，但实际上，他也是一位革命活动家，是一位活跃的政治家。1864 年，国际工人协会成立期间，马克思作为执委会的成员，起草了当时的章程和宣言的文件，是"第一国际"的实际领袖和灵魂。

"第一国际"期间，发生的最著名的事情，就是巴黎公社的成立。1871 年 3 月 18 日凌晨，巴黎人民揭开了起义的序幕。当天晚上，起义者占领了政府机构，胜利的旗帜飘扬在巴黎市政厅上空。世界上第一个无产阶级政权 —— 巴黎公社诞生了。

巴黎爆发革命的消息第二天就传到了伦敦。马克思十分高兴，在给友人的信中热情洋溢地说："这些巴黎人，具有何等的灵活性，何等的历史主动性，何等的自我牺牲精神……历史上还没有过这种英勇奋斗的范例！"

虽然巴黎公社仅存在了 72 天，但是给我们留下了很多可歌可泣的故事。在巴黎市区东部，坐落着著名的拉雪兹公墓。今天人们所说的"公社社员墙"，就在一个不起眼的角落里。1871 年 5 月 28 日，反动军队将公社最后一批战士逼至这堵墙下，147 名战士面对敌人的枪口，高呼"公社万岁"，壮烈牺牲。

距离"公社社员墙"不远处是公社领导人、第一国际巴黎支部委员鲍狄埃的墓地。在巴黎公社失败后的第二天，鲍狄埃躲过了敌人搜捕，写下了歌颂巴黎公社英勇斗争的长诗，取名为《国际》。后来，工人音乐家狄盖特谱了曲。从此，《国际歌》传遍了全世界，成为世界无产者和被压迫人民的战歌。[①]

1872 年 9 月，第一国际在荷兰海牙召开代表大会。在这次大会上，经过激烈的斗争，与会代表一致赞成马克思和恩格斯关于无产阶级必须建立独立政党的思想。大会还决定把第一国际总委员会从伦敦迁往纽约。1876 年，第一国际的作用实际上大为减弱，宣布解散。

① 《不朽的马克思》，人民出版社，2018 年，第 100 页。

马克思最后奋斗的十年

　　恩格斯结束在曼彻斯特长达 20 年的经商生活后，在 1870 年回到伦敦，住到了马克思家附近。从此，两人几乎形影不离，商讨各种问题。天气好的时候，他们就到附近的荒丘散步，缓解工作的紧张和疲劳。

　　马克思在生命的最后十年，虽然饱受多种疾病的困扰，但仍投身无产阶级解放事业，积极指导欧美国家无产阶级政党的思想建设和组织建设，撰写了《哥达纲领批判》《法国工人党纲领导言（草案）》，继续从事《资本论》第二、三卷的创作和政治经济学研究，密切关注俄国和东方社会经济落后国家的发展道路，搜集和研究俄国和其他地区古代社会的相关资料，为落后国家探索发展道路提供了宝贵的材料和深刻的思想。

　　马克思在自己的书房里从事写作研究，接待来访的朋友，有时陪外孙玩耍。后来，马克思的外孙回忆外祖父时说："他和孩子们在一起玩时，自己也好像一个孩子，从不担心这样会有损他的尊严。"①

　　燕妮晚年患上了肝病，卧床不起。马克思不离左右地照料她。1881 年 12 月 2 日，燕妮永远告别了共同生活了 38 年的丈夫。燕妮是马克思一生的忠实伴侣和事业上的助手。有人这样评价燕妮："她是第一位通晓科学社会主义理论、献身共产主义事业的非凡女性。"

---

① 《不朽的马克思》，人民出版社，2018 年，第 112 页。

一年后，正值壮年的小燕妮在法国去世，这对年迈多病的马克思来说，又是一个沉重的打击。

1883年3月14日下午两点多，恩格斯像往常一样来看望马克思。他来到楼上的书房，看到马克思安详地坐在安乐椅上已经永远地睡着了。一缕和煦的阳光洒在马克思高高隆起的额头上，右臂低垂着，一本刚刚读过的书掉落在地板上。马克思与世长辞了，19世纪最伟大的头脑停止了思想。

3天后，在伦敦海格特公墓举行了一个只有11人参加的简朴葬礼。恩格斯发表了著名的马克思墓前讲话，高度评价了马克思伟大的理论贡献和革命的一生：

> 现在他逝世了，在整个欧洲和美洲，从西伯利亚矿井到加利福尼亚，千百万革命战友无不对他表示尊敬、爱戴和悼念。而我敢大胆地说，他可能有过许多敌人，但未必有一个私敌。他的英名和事业将永垂不朽！

1956年，马克思的墓迁移到了现在的位置，纪念碑上竖立着马克思的青铜头像，碑上镌刻他的两句名言：

全世界无产者，联合起来；
哲学家们只是用不同的方式解释世界，问题在于改变世界。

年复一年，成千上万的人们怀着崇敬的心情，从世界各地来到马克思的墓前瞻仰。即使在寒冷的冬雨中，仍然有人来到这里献上鲜花，表达对马克思的景仰之情。①

---

① 《不朽的马克思》，人民出版社，2018年，第114页。

马克思逝世以后，恩格斯继续他未竟的事业。恩格斯花费了巨大精力来整理和出版马克思的著作。

恩格斯用了两年多时间整理了《资本论》第二卷，于1885年7月出版；接着又花了近十年时间把第三卷的手稿编辑整理成书，于1894年11月出版。马克思留下的《资本论》手稿不仅内容庞大、稿本不一、字迹潦草，而且有的章节只有一些材料，甚至只有一个大标题，需要补写。可想而知，恩格斯整理《资本论》第二、三卷付出了多么艰辛的劳动。列宁对恩格斯这一贡献给予了高度评价：

> 恩格斯出版了《资本论》第二卷和第三卷，就是替他的天才的朋友建立了一座庄严宏伟的纪念碑，无意中也把自己的名字不可磨灭地铭刻在上面了。的确，这两卷《资本论》是马克思和恩格斯两人的著作。

伦敦海格特公墓中的马克思墓

第二章　恩格斯

恩格斯（Friedrich Engels，一八二〇～一八九五年）无产阶级革命导师，马克思主义创始人之一，马克思的亲密战友。

恩格斯画像（蒋兆和绘）

探求真理的青春岁月

弗里德里希·恩格斯，1820 年 11 月 28 日出生于德国巴门市（时属普鲁士王国，今伍珀塔尔市）。随着资本主义工商业迅速发展，无产阶级和资产阶级矛盾日益尖锐。巴门市所在的莱茵地区深受法国资产阶级革命影响，恩格斯的童年和学生时代在这里观察到了资产阶级的剥削和无产阶级的贫苦。

恩格斯家族是当地的纺织业世家。恩格斯的父亲是一个思想保守的纺织厂主，对子女施行严格的宗教教育。恩格斯的母亲性格开朗，热爱生活；外祖父思想开明，知识广博。小恩格斯在母亲和外祖父那里受到了良好的教育和熏陶。

1829 年，恩格斯进入巴门市立学校接受启蒙教育。5 年后，1834 年，恩格斯来到埃尔伯费尔德文科中学学习。恩格斯表现出与众不同的智力，加之学习刻苦，在语言、文学、历史、地理、数学、物理、哲学、艺术等各个方面都取得了优异的成绩，为日后涉猎广泛的科学研究奠定了坚实的基础。

恩格斯家庭特有的环境为他体察社会现实生活提供了条件。他目睹了工厂主的残酷和虚伪，体会到劳动者的艰难和痛苦。在文学习作中，他表达了自己为争取自由独立、反对压迫奴役而斗争的理想。

1837 年，恩格斯迫于父命，辍学经商，进入父亲在巴门的办事处工作。恩格斯希望在中学毕业后升入大学，但这一愿望未能实现，从此开始了在社会实践中学习和求索的艰辛历程。

1838 年 7 月，恩格斯离开故乡，先是在德国不来梅市学习经商（1838~1841），接着在柏林服兵役（1841~1842），然后

19岁的恩格斯

赴英国曼彻斯特从事商业活动（1842~1844）。这是青年恩格斯思想发展而又在实践中经受磨炼的六年。通过坚持不懈的社会实践和理论思考，他完成了一生中最重要的思想转折。

不来梅时期恩格斯转向青年黑格尔主义，开始钻研黑格尔哲学，并努力从这个博大精深的体系中汲取辩证法精华。

柏林时期恩格斯开始转向唯物主义，主张通过哲学和革命行动的结合、科学与现实生活的统一，使"思想获得生命"。

曼彻斯特时期，恩格斯深入工厂区和贫民窟，体察工人群众的生活，参与他们的集会和讨论。他对英国古典政治经济学家和英法空想社会主义进行批判研究。1844年，他在《德法年鉴》上发表《国民经济学批判大纲》和《英国状况》，强调只有消灭私有制，全面变革社会关系，才能消除资本主义制度造成的弊端，而实现这一目标的力量就是工人阶级。这些文章表明恩格斯完成了从唯心主义到唯物主义、从革命民主主义到共产主义的转变。①

---

① 《恩格斯画传》，重庆出版集团，2012年，第17页。

创立第一个无产阶级政党

1844 年 8 月,恩格斯从曼彻斯特返回德国,绕道巴黎看望马克思。这是一次历史性会见。恩格斯在回忆这次会见时说,当我 1844 年夏天在巴黎拜访马克思时,我们在一切理论领域中都显出意见完全一致,从此就开始了我们共同的工作。1845 年 2 月,他们合作的第一个成果《神圣家族》在法兰克福出版,这部著作强调人民群众是历史的创造者。

1844 年 9 月至 1845 年 3 月,恩格斯利用在英国进行社会调查时收集到的材料,撰写了《英国工人阶级状况》,通过该著作提示了工人阶级遭受剥削和压迫的社会根源,为工人阶级推翻资产阶级统治,建立新社会,指明了斗争目标。

1845 年 4 月,恩格斯从故乡前往布鲁塞尔,与马克思并肩战斗。他们共同撰写了《德意志意识形态》,第一次对唯物史观作了系统描述,并论述了共产主义和无产阶级革命的理论。

1846 年初,马克思和恩格斯一起在布鲁塞尔创建共产主义通讯委员会,为创建无产阶级政党做了思想上和组织上的准备。

1847 年 1 月,马克思和恩格斯应正义者同盟领导人的邀请参加了同盟,并帮助同盟改组。在马克思和恩格斯的引导和支持下,正义者同盟在 1847 年 6 月召开的代表大会上改组为以科学社会主义为指导思想的第一个国际性的无产阶级政党 —— 共产主义者同盟。恩格斯参加了这次代表大会,并受委托为同盟起草了纲领草案 ——《共产主义信条草案》。会后他又为同盟起草了一个新的纲领草案 ——《共产主义原理》。这两部文献是《共产党宣言》的重要准备著作。恩格斯在其中阐明了共产主义理

马克思和恩格斯与曼彻斯特纺织女工交谈（高虹绘）

论的本质，论述了无产阶级的阶级特性和历史使命，揭示了资本主义灭亡和共产主义胜利的历史必然性，阐述了共产主义者进行革命斗争的策略原则。

1847 年 11 月，马克思和恩格斯出席共产主义者同盟第二次代表大会，并受委托起草一个准备公布的详细的理论和实践的纲领，即《共产党宣言》。《宣言》于 1848 年 2 月公开发表，标志着马克思主义的诞生，开启了国际共产主义运动的新纪元。

投身1848年欧洲革命

1848 年法国爆发二月革命，接着德国爆发三月革命，欧洲其他国家也相继爆发革命。

法国二月革命后，共产主义者同盟在巴黎组成了新的中央委员会，马克思任主席，恩格斯为委员。德国三月革命爆发后，马克思和恩格斯为同盟中央委员会起草了《共产党在德国的要求》，这个文件体现了《共产党宣言》中规定的共产党人在民主革命中的斗争目标和策略原则，是无产阶级在资产阶级民主革命中的行动纲领。①

1848 年 4 月，马克思和恩格斯回到德国参加革命。他们在科隆积极筹办《新莱茵报》作为指导革命斗争的思想阵地，同时与民主派组织建立联系，组成联合阵线。

1849 年 5 月初，德国爆发了声势浩大的维护帝国宪法的运动。恩格斯立即投入这场运动，返回家乡参加起义和多次战斗，他以亲身实践证明，"最坚定的共产主义者也是最勇敢的士兵"。

在普鲁士反动当局的迫害下，《新莱茵报》于 1849 年 5 月 19 日被迫停刊，用红色油墨出版了终刊号。

1849 年 11 月，恩格斯来到伦敦，和马克思一起改组共产主义者同盟，创办《新莱茵报·政治经济评论》，从理论上对 1848 年革命进行总结。1850 年 3 月和 6 月，他们起草了两篇《共产主义者同盟中央委员会告同盟书》，制定了无产阶级在未来革命

---

① 《恩格斯画传》，重庆出版集团，2012 年，第 81 页。

中的纲领和策略，强调无产阶级必须建立自己的独立政党。①

在此期间，恩格斯还撰写了《德国维护帝国宪法的运动》《德国农民战争》，总结 1848 至 1849 年革命的经验，指出只有无产阶级才能进行彻底的革命，强调工人阶级在现实斗争中必须高度重视和发挥农民的革命积极性。

---

① 《恩格斯画传》，重庆出版集团，2012 年，第 81 页。

在曼彻斯特的二十年

　　1850 年 11 月，恩格斯重新回到曼彻斯特欧门－恩格斯公司工作。此后在长达 20 年的时间里，恩格斯一面从事商业活动，一面从事理论研究和革命活动。

　　在曼彻斯特的头些年，尽管收入微薄，恩格斯总是尽一切力量帮助马克思一家渡过难关。19 世纪 50 年代末，恩格斯收入有些提高，便向马克思提供更多的援助。1864 年，由于被接纳为公司股东，恩格斯的收入大大增加，以后，为马克思摆脱艰难困窘给予更多关心。

　　在理论研究方面，恩格斯是马克思的得力助手，特别是为马克思写作《资本论》奉献了智慧和力量。整整 20 年，这两位挚友几乎每天都有书信往还。他们共同研究《资本论》的篇章结构、重要论点和叙述方法，同时也涉及哲学、历史、军事、语言、科技等各个领域的问题。[1]

　　在此期间，恩格斯还协助马克思在《纽约每日论坛报》上发表了大量政论文章，与马克思合作，为《美国新百科全书》撰写了一系列军事条目，以及传记和地理条目。恩格斯撰写、以马克思名义发表的《德国的革命和反革命》这组文章，全面阐述了德国 1848 至 1849 年革命的起因、性质、过程和失败原因，分析了德国社会结构、各阶级的社会地位及其在革命中的态度和作用，论述了无产阶级领导权和工农联盟问题，提出了无产阶级革命斗

---

[1] 《恩格斯画传》，重庆出版集团，2012 年，第 118 页。

恩格斯（19世纪60年代）

争的策略原则。

  恩格斯积极支持各国工人运动和民族解放运动，通过各种方式协助马克思创建国际工人协会（即第一国际），为促进各国工人运动的团结、反对各种错误思潮作出了巨大贡献。

  1869 年，恩格斯结束了欧门－恩格斯公司的商业活动，成为"一个自由的人"，从此全力以赴地投身于无产阶级解放事业。

积极参与领导国际工人协会

1870 年 9 月 20 日，恩格斯从曼彻斯特移居伦敦，住在马克思家附近，从此两位老朋友朝夕相处地为无产阶级解放事业而斗争。

经马克思提议，恩格斯被选入国际总委员会，并先后担任多个国家的通讯书记，成为马克思最得力的助手。

1870 年 7 月普法战争爆发，恩格斯十分关注战争进程，写了大量军事评论文章，并作了精辟分析，对战争结局作了科学预测，获得了"将军"的美誉。

1871 年 3 月 18 日，巴黎人民爆发起义，推翻了资产阶级政权。3 月 28 日，巴黎公社宣告成立。马克思和恩格斯坚决站在"冲天的巴黎人"一边，充分肯定巴黎公社的革命创举和伟大意义。

巴黎公社失败后，国际工人协会在各国遭到迫害，国际内部矛盾重重，各种错误思潮暗流涌动。面对严峻的局势，马克思和恩格斯组织召开了国际工人协会的两次重要会议——1871 年 9 月的伦敦代表会议和 1872 年 9 月的海牙代表大会。在伦敦代表会议上，马克思和恩格斯抨击了巴枯宁派鼓吹的工人运动应当放弃政治斗争的错误观点，旗帜鲜明地指出，只有实现无产阶级的政治统治，才能达到消灭阶级的目的；为此，无产阶级必须建立独立政党。在海牙代表大会上，马克思和恩格斯揭穿并挫败了巴枯宁分子分裂国际的阴谋。大会决定把巴枯宁派开除出国际，并批准了伦敦代表会议关于无产阶级必须建立独立政党的决议。[①]

---

① 《恩格斯画传》，重庆出版集团，2013 年，第 154 页。

与马克思共同奋斗的最后十年

在马克思生命的最后十年，恩格斯承担了指导国际工人运动的大量工作。

1872~1873 年，恩格斯在德国社会民主工党（爱森纳赫派）机关报《人民国家报》发表《论住宅问题》，批判了蒲鲁东主义者和资产阶级改良主义者提出的种种"救世计划"，阐发了科学社会主义的基本原理。1875 年 2 月两派召开了合并预备会议，并拟定了纲领草案，恩格斯立即写信给倍倍尔，严厉批评了爱森纳赫派对拉萨尔派所做的无原则让步和纲领中的拉萨尔主义观点，阐述了科学社会主义的重要思想。

恩格斯在 1876~1878 年撰写了《欧根·杜林先生在科学中实行的变革》（简称《反杜林论》），彻底批判了杜林的错误观点，驳斥了他对马克思主义的歪曲和诋毁，系统地阐述了马克思主义哲学、政治经济学和科学社会主义的基本原理。马克思称它是"科学社会主义的入门"。

1878 年 10 月，俾斯麦政府为镇压日益壮大的无产阶级革命运动，颁布了反社会党人非常法。马克思和恩格斯针对这部法令实施后德国党内出现的错误思想倾向，一方面批判了不顾现实条件、盲目要求进攻的"左"倾错误，另一方面批判了要求党服从政府法令、走"合法地"改良主义道路的右倾观点。马克思和恩格斯 1879 年 9 月在写给倍倍尔、李卜克内西、白拉克等人的通告信中严厉地批判了党内的改良主义主张，重申阶级斗争对

"啃酸果调"——写作《反杜林论》（许钦松刻）

现代社会变革的巨大作用。①

　　1880 年 5 月，马克思和恩格斯应法国工人党领导人茹·盖得和保·拉法格的请求，帮助该党起草了纲领的理论部分，为法国工人党提供理论支持，并进一步阐发和丰富了《共产党宣言》的基本观点。

　　1873~1882 年，恩格斯撰写了《自然辩证法》手稿。这部著作是恩格斯研究自然界和自然科学中的辩证法问题的重要成果，为马克思主义哲学的自然辩证法学科奠定了理论基础。

　　马克思逝世后，恩格斯在马克思的葬仪上发表了重要讲话，高度评价了马克思作为伟大革命家和思想家的一生，指出："他的英名和事业将永垂不朽！"

---

① 《恩格斯画传》，重庆出版集团，2013 年，第 183 页。

倾注心血整理出版马克思遗著

马克思逝世后，恩格斯立即投入清理马克思遗稿的工作，在马克思的小女儿爱琳娜协助下，他用了整整一年时间，仔细清理了马克思留下的大量手稿、笔记、信札，以及各种文件、档案和书刊。

1884~1885 年，恩格斯完成了《资本论》第二卷手稿的整理工作。恩格斯倾注了大量心血，把这些手稿编辑整理成结构完整、论述缜密的著作，使《资本论》第二卷"成为一部只是作者的而不是编者的著作"。1885 年 7 月，《资本论》第二卷出版。

1885~1894 年，恩格斯完成了《资本论》第三卷手稿的整理工作。为了把这部具有重大理论价值的著作提供给工人阶级，恩格斯殚精竭虑、废寝忘食，进行了近十年的编辑整理工作。他说："在这项工作没有完成的时候，我没有片刻安宁过。"

恩格斯在整理马克思的遗稿时，还发现了马克思晚年对美国学者摩尔根的《古代社会》一书所做的详细摘要，其中包含马克思自己的许多批语和论述。为了完成马克思的遗愿，恩格斯撰写了阐发历史唯物主义理论的著作《家庭、私有制和国家的起源》。

1891 年，恩格斯不顾德国党的某些领导人的反对，以巨大的政治勇气首次公开发表马克思的《哥达纲领批判》，并在序言中阐明了这部著作的重大理论价值和现实指导意义，有力地引导了工人阶级政党肃清机会主义影响，坚持马克思主义原则。①

---

① 《恩格斯画传》，重庆出版集团，2013 年，第 208 页。

整理遗稿（潘鸿海绘）

世界无产阶级的导师和顾问

马克思逝世后，恩格斯独自承担了领导国际工人运动的重任，是各国无产阶级的导师和顾问。

恩格斯指导下的国际工人运动蓬勃发展。1889 年 7 月 14 至 20 日，国际社会主义工人代表大会在巴黎召开，标志着第二国际成立。第二国际在前期活动中坚持了正确的方向。

恩格斯在领导国际工人运动的过程中，撰写了许多具有重大理论价值的著作，还为再版马克思和他本人的一些著作写了序言或导言。在《路德维希·费尔巴哈和德国古典哲学的终结》中，恩格斯系统阐述了马克思主义哲学的基本原理。在《1891 年社会民主党纲领草案批判》中，恩格斯批判了当时在德国社会民主党内出现的宣扬德国可以和平"长入"社会主义的机会主义观点，论述了工人阶级政党的斗争方向和策略原则。在《法德农民问题》中，恩格斯阐述了农民问题对于无产阶级革命的重要意义，指出了无产阶级取得政权后对农业进行社会主义改造的途径和区别对待各类农民的方针政策。在《卡尔·马克思〈1848 年至 1850 年的法兰西阶级斗争〉一书导言》中，恩格斯全面总结了工人阶级的斗争历程，强调无产阶级政党应当根据变化了的条件制定新的斗争策略，但决不能放弃革命权，因为革命权是唯一真正的"历史权利"。

1895 年 8 月 5 日，恩格斯在伦敦逝世。9 月 27 日，在英国伊斯特本海岸，恩格斯的战友们将他的骨灰投入浩瀚无垠、波涛澎湃的大海。①

---

① 《恩格斯画传》，重庆出版集团，2013 年，第 224 页。

恩格斯（1888年）

第三章　列宁

列宁（Владимир Ильич Ленин，一八七〇～一九二四年），无产阶级革命导师，列宁主义创始人，苏联共产党和苏维埃社会主义共和国联盟的主要缔造者。

列宁画像（蒋兆和绘）

走上革命道路①

弗拉基米尔·伊里奇·列宁（原姓乌里扬诺夫），1870 年 4 月 22 日（俄历 4 月 10 日）出生于俄国伏尔加河畔的辛比尔斯克（现称乌里扬诺夫斯克）。列宁的父亲是平民知识分子，母亲出身于医生家庭，喜爱音乐和文学。列宁从小就受到良好的家庭教育。1879 年，列宁进入辛比尔斯克古典中学学习。他勤奋好学，各科成绩优异，每次升级都受到学校的奖励。

少年时，他广泛阅读进步书籍，深受革命民主主义思想的影响。在中学高年级的时候，他阅读了在彼得堡上大学的哥哥亚历山大带回家的《资本论》，开始接触马克思主义。

1887 年 5 月，在列宁即将中学毕业之际，哥哥亚历山大因参与民意党组织的谋刺沙皇的行动被反动当局逮捕杀害。哥哥的英勇就义使 17 岁的列宁坚定了反对沙皇专制制度的决心，并思考未来要走的革命道路。

1887 年 7 月，列宁随全家来到喀山定居。8 月，列宁进喀山大学法律系学习，年底因参加进步学生运动被捕并遭放逐。翌年秋，列宁返回喀山，加入费多谢耶夫组织的马克思主义小组，开始系统学习和研究马克思和恩格斯的著作，成为马克思主义者。

1892 年，列宁组织了萨马拉第一个马克思主义小组，积极开展马克思主义学习和宣传活动。

① 《列宁画传》，重庆出版集团，2012 年，第 3~10 页。

在狱中写作（高莽刻）

1893 年 9 月，列宁来到彼得堡。他组织和领导马克思主义小组活动，积极传播马克思主义，同工人运动中的错误思潮做斗争。1894 年列宁撰写《什么是"人民之友"以及他们如何攻击社会民主党人？》。

1895 年春，列宁出国同俄国的马克思主义团体劳动解放社领导人普列汉诺夫等人建立联系并考察西欧工人运动。同年 10 月，列宁回国后将彼得堡的所有马克思主义小组联合起来，成立彼得堡工人阶级解放斗争协会，第一次在俄国实现了社会主义和工人运动的结合。1895 年底，列宁因内奸告密而被捕入狱。1897 年 5 月，被流放到西伯利亚东部舒申斯克村。1898 年，娜·康·克鲁普斯卡娅也因在彼得堡从事革命活动被流放到这里。在流放地，列宁与克鲁普斯卡娅结成终身伴侣。

列宁在流放地完成了他在彼得堡监狱时就开始写作的《俄国资本主义的发展》一书，列宁在书中指出，俄国革命的正确发展方向只能是依靠工人阶级和农民群众对整个社会进行真正的和根本的社会主义改造。

列宁在流放地密切关注俄国社会民主运动的发展。他撰写了《俄国社会民主党人的任务》，呼吁建立统一的社会民主工党，强调革命理论对于无产阶级解放斗争的重要意义。1899 年，列宁看到经济派的纲领后，立即写了《俄国社会民主党人抗议书》，揭露了经济派的机会主义面目。

建立和巩固新型无产阶级政党①

1900 年 7 月，列宁摆脱沙皇警察当局的监视，到国外筹办俄国马克思主义者的第一份全俄政治报纸《火星报》，为建立新型无产阶级政党做思想和组织准备。

1901~1902 年列宁写了《怎么办？》一书，强调只有以先进理论为指南的党，才能实现先进战士的作用。在 1903 年俄国社会民主工党第二次代表大会上，因组织原则上的尖锐分歧，形成了以列宁为首的布尔什维克派（多数派）和以马尔托夫为首的孟什维克派（少数派）。1904 年列宁写了《进一步，退两步》一书，揭露了孟什维克在党的组织问题上的机会主义，系统阐述了无产阶级政党学说，指出党是工人阶级的先进的有觉悟的有组织的部队，是用马克思主义武装起来的部队。

1905 年初，俄国爆发资产阶级民主革命。4 月，列宁在伦敦主持召开了俄国社会民主工党第三次代表大会，制定了党在民主革命中的策略路线。7 月，列宁写成《社会民主党在民主革命中的两种策略》一书，批判了孟什维克的机会主义策略，全面阐述了布尔什维克的革命策略。11 月，列宁由国外回到彼得堡，直接领导革命。

1907 年 6 月，俄国第一次资产阶级民主革命失败。列宁于年底再度出国，在国外为团结和教育布尔什维克干部做了大量工作。1908 年，列宁写了《唯物主义和经验批判主义》一书，这

---

① 《列宁画传》，重庆出版集团，2012 年，第 53~98 页。

部著作对于布尔什维克党坚持以马克思主义科学世界观为指导起了重要作用。

　　1912 年，列宁在布拉格主持召开俄国社会民主工党第六次代表会议，把孟什维克取消清除出党。在列宁的领导下，布尔什维克党在思想上和组织上得到巩固和发展，成为领导俄国革命的核心力量。

捍卫和发展马克思主义[①]

列宁从 1907 年起成为社会党国际局成员，多次出席国际局会议、国际社会党代表大会和代表会议，团结各国左派同第二国际的机会主义做坚决斗争。

1918 年 9 月，列宁在伯尔尼召开了布尔什维克会议，会议通过了列宁起草的《革命的社会民主党在欧洲大战中的任务》的决议，严厉谴责第二国际领袖对马克思主义的背叛，阐明了布尔什维克对这场战争的态度。列宁还提出了"变帝国主义战争为国内战争"的口号。1915 年和 1916 年，分别在瑞士的齐美尔瓦尔德和昆塔尔召开了左派社会党人参加的国际社会党第一次和第二次代表会议，列宁在会上进一步批判第二国际领袖的背叛行径，揭露"保卫祖国"口号的欺骗性。列宁还写了《第二国际的破产》《社会主义与战争》等著作，指出第二国际右派和中派领袖的社会沙文主义是"登峰造极的机会主义"，批驳了他们为战争辩护的种种谬论，系统阐述了关于战争问题的马克思主义观点，强调必须研究战争的性质，严格区分正义战争和非正义战争。

这一时期，列宁为批判修正主义和机会主义、捍卫和发展马克思主义，开展了广泛的创造性的理论研究工作。他写了《马克思主义和修正主义》《马克思学说的历史命运》《马克思主义的三个来源和三个组成部分》《马克思主义和改良主义》《卡尔·马克思》等重要文章，系统阐述了马克思主义科学体系的内

[①] 《列宁画传》，重庆出版集团，2012 年，第 107 页。

涵和马克思主义的基本原理，揭露了修正主义、机会主义的实质。列宁深入研究唯物辩证法，写了《黑格尔〈逻辑学〉一书摘要》等哲学笔记，对唯物辩证法作了全面阐发，丰富和发展了马克思主义哲学。列宁总结了《资本论》问世半个世纪以来世界资本主义的新变化，写了《帝国主义是资本主义的最高阶段》这部重要著作，全面分析了帝国主义的本质、特征和基本矛盾。他研究了帝国主义时代的民族殖民地问题，写了《社会主义革命和民族自决权（提纲）》等著作，丰富和发展了马克思主义的民族问题理论。他还在《论欧洲联邦口号》一文中根据帝国主义时代资本主义经济和政治发展不平衡的规律，第一次提出了社会主义可能首先在少数甚至在单独一个资本主义国家内获得胜利的重要论断，丰富和发展了马克思主义的无产阶级革命理论。

领导建立世界上第一个社会主义国家①

　　1917 年，俄国二月革命推翻了沙皇专制制度。1917 年 4 月 16 日（俄历 4 月 3 日），列宁从瑞士回到彼得格勒。第二天，列宁就宣布了《论无产阶级在这次革命中的任务》的提纲，即《四月提纲》，回答了俄国从民主革命阶段向社会主义革命阶段过渡的一系列重大问题，阐明了无产阶级在这个历史关头必须坚持的政治原则和经济方针。5 月 7 日（俄历 4 月 24 日），列宁主持召开俄国社会民主工党（布）第七次全国代表会议，确定了党在战争和革命问题上的路线，提出了"全部政权归苏维埃！"的口号作为党的当前任务。

　　列宁鉴于革命和平发展已无可能，制定了武装夺取政权的方针。8 月 8 日（俄历 7 月 26 日），在彼得格勒秘密举行的俄国社会民主工党（布）第六次代表大会通过了列宁提出的准备武装起义、争取社会主义革命胜利的方针。列宁在拉兹利夫继续潜心研究国家问题，写成《国家与革命》这部名著，捍卫和发展了历史唯物主义和科学社会主义的基本原理，系统阐述了马克思主义国家学说、无产阶级革命和无产阶级专政理论，深刻阐发了马克思关于共产主义社会两个发展阶段的学说。

　　1917 年 10 月 20 日（俄历 10 月 7 日），列宁秘密回到彼得格勒领导武装起义的准备工作。党中央在列宁领导下通过了举行武装起义的决定，并成立了领导起义的军事革命总部。11 月 6 日

---

① 《列宁画传》，重庆出版集团，2012 年，第 128 页。

在俄国社会民主工党（布）中央委员会会议上（李天祥、倪志琪绘）

（俄历10月24日）晚，列宁致信党中央委员，要求立刻夺取政权，指出拖延武装起义等于自取灭亡。当天深夜，列宁来到斯莫尔尼宫直接领导起义。11月7日（俄历10月25日）晨，彼得格勒已被赤卫队和革命士兵所控制。列宁起草《告俄国公民书》，宣告临时政府被推翻，政权转到军事革命委员会手中，十月武装起义获得胜利。当晚，全俄苏维埃第二次代表大会通过了列宁起草的《和平法令》《土地法令》和《关于成立工农政府的决定》。大会宣布组成以列宁为主席的第一届工农政府 —— 人民委员会。世界上第一个社会主义国家诞生了。

捍卫和巩固新生的苏维埃政权[①]

十月革命胜利后，列宁领导俄国人民为捍卫和巩固新生的苏维埃政权进行了艰苦卓绝的斗争。在布尔什维克党执政后召开的俄共（布）第七次（紧急）代表大会上，通过了列宁起草的关于签订布列斯特和约问题的决议——《关于战争与和平的决议》。布列斯特和约缔结后，列宁立即谋划经济建设问题，写了《苏维埃政权的当前任务》等文章，阐明苏维埃政权在转折时期的新任务和新方针，提出恢复国民经济和建立社会主义经济基础的纲领和措施。7月，在列宁的领导下，全俄苏维埃第五次代表大会通过了俄罗斯社会主义联邦苏维埃共和国宪法。

1918年夏，美、英、法、日、德等帝国主义国家相继入侵，妄图把苏维埃政权扼杀在摇篮中，国内地主资产阶级的反革命势力也乘机发动叛乱。列宁领导俄国人民奋起抗击外国武装干涉和反革命叛乱。8月30日，列宁在参加莫斯科河南岸区米歇尔逊工厂群众大会时，遭到社会革命党人卡普兰枪击而受重伤。列宁伤未痊愈就投入保卫苏维埃政权的繁重工作。11月30日，全俄中央执行委员会决定成立工农国防委员会，任命列宁为主席。

在列宁和布尔什维克党的正确领导下，俄国人民经过两年多的浴血奋战，粉碎了帝国主义国家的武装干涉和国内反革命势力的武装叛乱，保卫了新生的苏维埃政权。

这期间，列宁写了一些重要理论著作，丰富和发展了马克思

---

① 《列宁画传》，重庆出版集团，2012年，第165页。

主义。1918 年，他写了《无产阶级革命和叛徒考茨基》，批驳了
考茨基对无产阶级专政的攻击，系统阐发了马克思主义关于无产
阶级革命和无产阶级专政的学说。1919 年，他写了《伟大的创
举》，高度评价俄国人民自觉提高劳动生产率、创造社会主义的
经济条件和生活条件的首创精神，强调劳动生产率归根到底是
新社会制度取得胜利的重要保证。同年，他还写了《无产阶级
专政时代的经济和政治》，根据苏维埃政权成立两年来的实际情
况，阐述了俄国在资本主义和共产主义之间的过渡时期即无产阶
级专政时期的政治和经济的特点。

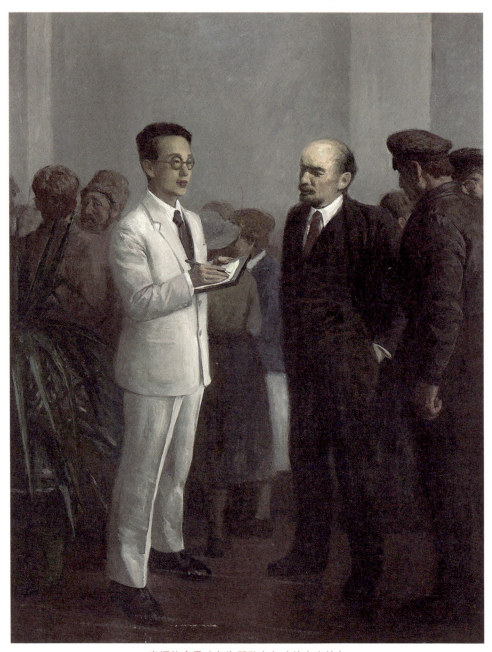

幸福的会见（左为瞿秋白）（徐立森绘）

支持各国无产阶级革命运动和被压迫民族解放运动

十月革命胜利后，列宁在领导俄国人民保卫苏维埃政权和反对外国武装干涉的艰苦斗争时期，密切关注和支持欧洲国家的无产阶级革命运动。

随着第二国际的破产，列宁为建立共产国际，即第三国际做了理论上和组织上的准备工作。列宁高度重视殖民地和被压迫民族的解放运动，在共产国际第二次代表大会上提出了民族和殖民地问题的纲要，阐述了全世界无产者与被压迫民族联合起来的思想，强调无产阶级政党应当积极支持殖民地、半殖民地国家的民族民主运动，西欧无产阶级要同东方各殖民地和一切落后国家的农民运动结成紧密联盟。他还写了《共产主义运动中的"左派"幼稚病》这部重要著作，这部著作对各国共产党如何运用马克思主义策略原则领导本国人民进行革命斗争具有重要指导意义。

创造性地探索社会主义建设道路

1920 年秋，俄国人民反对外国武装干涉和平定反革命武装叛乱的斗争基本结束。在经济文化落后的俄国如何建设社会主义，是苏维埃政权面临的最根本的任务。列宁为解决这个任务殚精竭虑。在 1920 年 12 月召开的全俄苏维埃第八次代表大会上，列宁提出了电气化计划，指出共产主义就是苏维埃政权加全国电气化。

1921 年初，列宁从当时俄国的政治和经济的实际情况出发，提出用新经济政策代替战时共产主义政策，以粮食税代替余粮收集制，发展商品经济，利用国家资本主义发展生产力，向社会主义过渡。

列宁十分重视执政党建设和苏维埃政权建设。他强调，党必须适应自己地位的变化，不断加强自身建设；党和国家的各级领导必须不断提高执政能力，学会做经济工作；党要重视发扬党内民主，尊重党员参与党内事务的权利；党要执行严格的纪律，保证党在思想上、政治上和组织上的统一；党要妥善处理党内矛盾，维护党的团结；党要严格执行入党条件，吸收先进分子入党，保证党的先进性；党要密切联系群众，充分相信和依靠群众；党要不断推进党和国家机关的改革，加强对党员和干部的监督，反对形形色色的官僚主义和营私舞弊行为。

1922 年底，列宁的健康状况恶化，不得不停止工作。列宁在养病期间仍心系党和国家大事，口授了一系列重要书信和文章：《给代表大会的信》《关于赋予国家计划委员会以立法职能》《关于民族或"自治化"问题》《日记摘录》《论合作社》《论我国革命》《我们怎样改组工农检察院》《宁肯少些，但要好些》。在这些文献中，列宁总结了苏维埃政权建立以来的实践经验，阐明了俄国社会主义革命和社会主义建设的必要性和可能性，以及不同国家革命道路的多样性，论述了合作社对建设社会主义的意义，并对维护党的统一、加强党的建设、推进国家机关改革、正确处理民族关系、促进经济建设和文化建设等重大问题提出了许多精辟见解。1924年1月21日，列宁与世长辞。

第四章

马克思、恩格斯

论中国

马克思和恩格斯在一八五三～一八六二年间，曾陆续写过《中国革命和欧洲革命》《英中冲突》《英人在华的残暴行动》《英人对华的新远征》《鸦片贸易史》《新的对华战争》等十八篇论述近代中国问题的文章。

目光转向东方

马克思主义是中国共产党的指导思想。在这个拥有几千年文明的古老国度，这一思想所获得的崇高地位，恐怕是它的创立者不曾预料的。早在160多年前，马克思和恩格斯就开始关心当时中国的状况、前途和命运问题。这两位伟大的革命导师在19世纪50至60年代撰写的一系列论述中国的文章中，为我们留下了一笔宝贵的精神财富。

远在欧洲大陆的马克思和恩格斯，为何会开始关注遥远的东方大国呢？

1849年，马克思离开巴黎来到伦敦，开始了他颠沛流离的生活中的"伦敦时期"。然而，马克思和家人在伦敦生活初期是极端穷困的。虽然马克思在一生中，生活始终不够富裕，但这一时期的生活十分困窘。马克思曾这样描述这一时期艰难的生活："一个星期以来，我已到达非常痛快的地步：因为外衣进了当铺，我不能再出门；因为不让赊账，我不能再吃肉。"不难想象，看似如此诙谐的自嘲，包含着怎样的辛酸！正因为生活上的窘迫，马克思应邀成为《纽约每日论坛报》驻伦敦的国际通讯员，获得了相对比较稳定的收入。由于工作性质和报纸发行的需要，报社要求马克思多写作一些时事政论性的文章，马克思自然就将关注的领域扩大到了更广的范围，遥远的东方成为他当时的关注对象之一。

鸦片战争前的中国是一个自给自足的自然经济社会，外来的工业品很难在中国找到市场，这与资本主义经济扩张的需要是尖锐对立的。为了打开中国的大门，以英国为首的西方列强

马克思、恩格斯论中国著作的相关版本

先后发动了两次鸦片战争，这引起了马克思和恩格斯对中国人
民反侵略斗争的高度关注。马克思和恩格斯在 1853~1862 年
间，曾陆续写过《中国革命和欧洲革命》《英中冲突》《英人在
华的残暴行动》《英人对华的新远征》《鸦片贸易史》《新的对
华战争》等 18 篇论述近代中国问题的文章。

抨击列强发动的鸦片战争

马克思和恩格斯通过对两次鸦片战争爆发原因的考察分析，揭露英国捏造事实制造对华战争的借口，抨击了欧洲列强在华野蛮侵略的暴行，批判英国对中国发动的"海盗式的敌对行动"，坚定地声援和支持被压迫民族抗击殖民主义侵略的斗争。这是马克思和恩格斯留给我们的以马克思主义立场、观点和方法认识近代中国历史的宝贵文献。

马克思指出：

中国政府在 1837 年、1838 年和 1839 年采取的非常措施 —— 这些措施的最高潮是钦差大臣林则徐到达广州和按照他的命令没收、销毁走私的鸦片 —— 提供了第一次英中战争的借口。

然而，第一次鸦片战争并没有给西方列强带来预期的贸易效益。他们把原因归咎于中国的门户开放得还不够，叫嚣再次发动对华战争，以进一步打开中国市场。于是在 1856 年以"亚罗号事件"为借口，发动了第二次鸦片战争。对此，马克思指出：

我们认为，每一个公正无私的人在仔细地研究了香港英国当局同广州中国当局之间往来的公函以后，一定会得出这样的结论：在全部事件过程中，错误是在英国人方面。

在"亚罗号事件"上，英国政府报刊连篇累牍地对中国人进行大量的斥责。大肆攻击中国人违背条约的义务、侮辱英国的国旗、羞辱旅居中国的外国人等等。对此，马克思谴责说：

可是，除了亚罗号划艇事件以外，它们举不出一个明确的罪名，举不出一件事实来证实这些指责。而且就连这个事件的实情也被议会中的花言巧语歪曲得面目全非，以致使那些真正想弄清这个问题真相的人深受其误。

针对第二次鸦片战争，马克思专门写了一篇题为《英人在华的残暴行动》的文章。该文指出：英国侵华海军司令西马縻各厘"态度蛮横，大肆恫吓"，是"英国强权在东方的好战的代表"。在这次侵华战争中，"广州城的无辜居民和安居乐业的商人惨遭屠杀，他们的住宅被炮火夷为平地，人权横遭侵犯"。

马克思和恩格斯认为，导致中国失败的直接原因：一是"与外界完全隔绝"的闭关锁国政策；二是"无论是控制自己的人民，还是抵抗外国的侵略，一概无能为力"的腐朽的清政府。

支持中华民族的反抗斗争

面对西方列强的野蛮侵略，中华民族掀起了生生不息的抗争运动。马克思和恩格斯满腔热情支持中国人民抵抗外来侵略的斗争。他们认为，既然落后的清王朝奉行的道义原则无法对抗强权国家的利益原则，不论中国人民采取什么样的抵抗手段都是正义的。马克思指出："在中国，压抑着的、鸦片战争时燃起的仇英火种，爆发成了任何和平和友好的表示都未必能扑灭的愤怒烈火。"

面对中国人民的反抗斗争，英法侵略者以强盗逻辑指责中国人采取的反抗手段极为野蛮，没有按照欧洲人"文明"的作战规则和方式来进行。对此，恩格斯作出了详细的分析和批驳。恩格斯指出，中国民众"野蛮"反对外国人的斗争是一场维护中华民族生存的人民战争。西方列强的入侵激起了中国人民的极大愤怒，他们自发地同外国人做斗争。由于缺乏必要的组织和领导，武器落后，中国民众以各种巧妙的手段对付外国人。中国人这种反抗侵略者的斗争方式引起了外国人的喧哗，被斥责为"卑劣行为"。恩格斯却对这种斗争方式表示理解和支持，他认为，虽然这种密谋和暴动的斗争方式颇为野蛮，但却是一种有效的抵抗侵略者的办法。他说：

这些把炽热的炮弹射向毫无防御的城市、杀人又强奸妇女的文明贩子们，尽可以把中国人的这种抵抗方法叫作卑劣的、野蛮的、凶残的方法，但是只要这种方法有效，那么对中国人来说这又有什么关系呢？

可见，在恩格斯看来，既然中国人的暴行是由欧美列强的侵略引起的，就不该从道德方面指责中国人的行为。恩格斯说：

> 简言之，我们不要像道貌岸然的英国报刊那样从道德方面指责中国人的可怕暴行，最好承认这是"保护社稷和家园"的战争，这是一场维护中华民族生存的人民战争。

"人民战争"就是正义的，有什么比侵略一个国家、杀害平民更野蛮呢？

马克思和恩格斯这些义正词严的评说，猛烈抨击了侵略者，也对中国人民为维护国家安全和民族利益，不惧强敌、敢于斗争精神的充分肯定和有力声援。

马克思和恩格斯对殖民主义列强的对外侵略扩张政策和行为，无疑是持坚决批判和否定态度的。他们认为，殖民主义者对中国的入侵，也加速了中国封建专制制度和传统生产方式的崩溃，破除了中国以"天朝帝国"而妄自尊大的迷幻，迫使中国打开封闭的国门，加强与外界的联系，促使中国社会的变革与发展。罪恶的鸦片贸易不仅导致中国的白银大量流向英属东印度，它还麻痹中国人的精神，摧残中国人的身体，削弱军队的战斗力，摧毁中国人的战斗精神，腐蚀清帝国的朝政。但是，鸦片没有起催眠作用，反而起了惊醒作用，它也起着促使中国人觉醒，振作起来反抗殖民主义的入侵和腐朽的清王朝统治、寻求自立自强发展道路的作用。因此，马克思说：

> 历史好像是首先要麻醉这个国家的人民，然后才能把他们从世代相传的愚昧状态中唤醒似的。由于外国工业品的输入，对中国传统的手工业发生了巨大的冲击，中国的纺织业者在外国的这种竞争之下受到很大的损害，结

果社会生活也受到了相应程度的破坏。

所有这些同时影响着中国的财政、社会风尚、工业和政治结构的破坏性因素，到1840年在英国大炮的轰击之下得到了充分的发展；英国的大炮破坏了皇帝的权威，迫使天朝帝国与地上的世界接触。与外界完全隔绝曾是保存旧中国的首要条件，而当这种隔绝状态通过英国而为暴力所打破的时候，接踵而来的必然是解体的过程，正如小心保存在密闭棺材里的木乃伊一接触新鲜空气便必然要解体一样。

新纪元的曙光

　　欧洲 1848 年革命失败后的反动年代，正值中国人民反对英、法列强入侵、反对腐败的清政府而斗争的时期。马克思和恩格斯对中国的变革和重生充满热切期待。恩格斯曾预言太平天国运动时说：我们"会亲眼看到世界上最古老的帝国的垂死挣扎，看到整个亚洲新纪元的曙光"。马克思在《中国革命和欧洲革命》一文中明确指出了太平天国革命的起因，他说："推动这次大爆炸的毫无疑问是英国的大炮"。他们高度关注西方列强和清朝政府给中国人民带来的双重压迫，指出："中国在1840 年战争失败后被迫付给英国的赔款、大量的非生产性的鸦片消费、鸦片贸易所引起的金银外流、外国竞争对本国工业的破坏性影响、国家行政机关的腐化"，"所有这些同时影响着中国的财政、社会风尚、工业和政治结构"，"这一切造成了两个后果：旧税更重更难负担，旧税之外又加新税"。

　　残酷的剥削和压迫带来了人民的反抗，在太平天国革命前夕，抗租抗粮抗税的反抗斗争此起彼伏，遍及全国，社会内部矛盾已十分尖锐，在鸦片战争的推动下以至于"延续了 10 年之久的连绵不断的起义"，终于汇合成"一个强大的革命"。太平天国事件发展的实际后果又令他们颇为失望。马克思后来指出：传说太平军将"解放中国""复兴中国"，"拯救人民"，这是"幻想"。他不无遗憾地说："他们吵吵嚷嚷煞有介事地闹了10 年，结果是破坏了一切，而什么也没建设起来。"其原因在于太平军革命是"停滞的社会生活的产物"。

第二篇

马克思主义在中国的

早期传播

第一章 马克思主义初步传入中国

我坚信，只有当中国成为一个社会主义国家的时候，人民才会更幸福，痛苦才会减轻。

马克思是「科学社会主义的圣人，专从科学方法去研究社会问题的解决，所著的书和发明的学说，可以说是几千年来人类思想的集大成」。

●●孫中山先生社會主義談

此稿前經各報登載惜語焉不詳茲係先生所訂正者亟再錄之附以按語讀者幸勿忽焉

克恭

諸君今日同盟會會員開餞別會得一最好機會大家相見誠一幸事今日中華民國成立兄弟解臨時總統之職解職不是不辦事解職以後尚有比政治緊要的事待着手自二百七十年前中國亡于滿洲中國圖光復之舉不知凡幾各處會黨徧布皆是欲實行民族主義的五十年前太平天國卽純爲民族革命代表但祇是民族革命革命後仍不免爲專制此等革命不算成功八九年前少數同志在日本發起同盟會定三大主義一民族主義二民權主義三民生主義今日滿清退位中華民國成立民族民權兩主義，

一

马克思的名字第一次传入中国

"十月革命一声炮响，给我们送来了马克思列宁主义。"

1917 年 11 月 7 日，俄国爆发了十月社会主义革命，这是人类历史上第一次获得胜利的社会主义革命，世界上第一个社会主义国家由此诞生。

十月革命帮助了全世界的革命者，也帮助了中国的先进分子用无产阶级的宇宙观作为观察国家命运的工具，重新考虑自己国家的问题。

然而，早在十月革命发生前十多年，马克思和社会主义学说就已经被介绍到中国。在 19 世纪末内忧外患的暗暗长夜，真理的火花潜滋暗长，积蓄着能量，等待着成为划破夜幕的万丈光芒。

将马克思和社会主义学说带进中国的第一人，名叫李提摩太。虽然"姓李"，但却是个土生土长的英国人。

1845 年 10 月，李提摩太在英国南威尔士卡马登郡出生，10 岁时进入浸礼会的神学院进修神学，成绩优异。未及毕业时，已有本地教会两次来信预请他做本地教士。

恰在 1868 年学期末时，他在聆听了一个有关于中国和印度的福音传播工作的演讲以后，深受感染，遂上书英国浸礼会，来到中国布道。

1891 年，当时的同文会会长赫德（Robert Hart，清廷海关总税务司）举荐李提摩太继任总干事的职务。听到这个消息，李提摩太非常兴奋，"以为来上海比天津、北京作书著报消息

李提摩太

18287

《大同学》

灵通。当格外更有效果，所以很喜欢此责任"。

上任之后，李提摩太开始了大刀阔斧的改革，将同文会改名为广学会，重申广学会的宗旨，确定了明确的宣传方向。

同时，李提摩太还拟定了将《万国公报》办成一份高级期刊、出版一系列西学和宗教书籍、举办有奖征文活动、筹设演讲会和博物馆、利用每次科举考试之机向年轻士子散发宣传品和赠送书刊、在全国每个考试中心设立书刊代销处、帮助中国人组织学会等 7 个方面的计划。[①] 他们将西方重要著述先期刊登于《万国公报》，制造舆论，之后集结成册出书。

李提摩太将《万国公报》推向了高峰，成为当时的主流刊物。李提摩太虽然精通中文，但为了将西方的著述更加有力地在中国宣传开来，聘请当时的名流为其笔述。1899 年 2 月，李

①《同文书会年报》(第四年，1891 年)，《出版史料》1988 年第 3、4 合期，第 64 页。

提摩太和蔡尔康合译的《大同学》在《万国公报》刊发，文章一经发表引起了社会舆论的强烈反响，紧接着在 3 月、4 月、5 月连载了《大同学》的前 4 章内容。《大同学》是由英国社会学家、进化论者本杰明·基德（B·Kidd）1894 年出版的《社会进化论》翻译而来，后来广学会将全书 10 章全部校刊出版。

李提摩太在《大同学》的译序中说：他们的翻译仅是节译，是一种概括原著大意的重新创作。他说："为中西文法不同，不必句翻字译。故仅节取各章中扼要语，胪举无遗。"[1] 为其笔译的蔡尔康是《万国公报》的华文执笔，他的文才极好、学养丰富，全书采用文言，频用典故，文学水平较高。虽是节译《社会进化论》，但仍然保留了原著各章节大意。

就是在这篇文章中，首次出现了马克思和《资本论》的介绍。文中说：

> 其百工领袖著名者，英人马克思也。马克思之言曰：纠股办事之人，其权笼罩五洲，突过于君相之范围一国。吾侪若不早为之所，任其蔓延日广，诚恐遍地球之财币，必将尽入其手。然万一到此时势，当即系富家权尽之时，何也？穷黎既至其时，实已计无复之，不得不出其自有之权，用纸安民而救世。[2]

这是我们目前所知的国内刊物上第一次提到马克思的名字及其学说。他称社会主义为"安民新学"，称马克思为"百工领袖著名者"，也就是工人运动的领导人，《资本论》为"主于资本者也"。值得注意的是，马克思的最早中译名就是马克思。

---

① 《大同学节译本自序》，[英]器德著，[英]李提摩太、蔡尔康笔述：《大同学》，第 2 页。
② 李提摩太、蔡尔康笔述：《大同学》，《万国公报》第 121 册（1899 年 2 月），第 18287、18288 页。

孙中山与社会主义学说

1866 年 11 月，孙中山先生出生于广东香山县翠亨村。那时，中华民族陷入内忧外患的灾难深渊，中国人民处于水深火热的悲惨境地。

青年时代，孙中山目睹山河破碎、生灵涂炭，誓言"亟拯斯民于水火，切扶大厦之将倾"，高扬反对封建专制统治的旗帜，毅然投身民主革命事业。

1896 年广州起义失败之后，孙中山流亡英国。那段时间，他经常到大英博物馆读书，包括政治、外交、法律、军事、海军、矿产与矿业、农业、畜牧、工程、政治经济学等，涵盖面非常广。正是在这个时候，他接触到了社会主义理论，并对马克思的著作留下了深刻的印象。孙中山也由此成为最早读过《共产党宣言》的中国人之一。

除读书外，孙中山还很注重考察欧洲社会政治状况。据记载，英国在 1889~1891 年新成立了 60 多个工会，包括英国在内的许多欧美国家的工人不断举行游行示威，罢工活动亦在更大更频繁的规模上开展起来。1890~1891 年，罢工事件 226 次，参加人数 38563 名；1896 年，罢工斗争增为 483 次，参加人数达至 128808。如此规模的工人运动和社会民主党的壮大发展，无不真实地反映了当时欧洲大陆的社会状况 —— 虽国家富强、民权发达，但社会贫富两极分化极其严重，人民生活苦不堪言，以至国内矛盾频发。这样的现实状况给孙中山带来了巨大的冲击，这使得社会主义思想在其脑海中扎了根，他反复的思考、研究，坚信社会主义就是解救中国的出路。他说："我坚信，只有当中国成为一个社会主义国家的时候，人民才会更幸福，痛苦才会减轻。"

孙中山广泛地阅读包括马克思主义在内各类社会主义著作，对社会主义思想的汲取对他后期三民主义思想的形成起到了很大影响。孙中山曾说，

孙中山（1896年）

> 我在欧洲的时候，与社会主义各派领袖都有过接触，各派的理论也都研究过。我参酌了社会主义各派的理论，汲取他们的精华，并倾及中国的实际，才创立了三民主义。

后来到日本，孙中山又结识了主张土地改革的宫崎寅藏兄弟和社会民主党领导人幸德秋水。他们经常会面，探讨关于实行社会主义的问题。

随着对社会主义思想认识的不断深化，孙中山开始积极向共产国际靠拢。1905年初，孙中山以"中国的社会主义者"的身份到了位于布鲁塞尔第二国际书记处，拜访第二国际主席王德威尔得和书记胡斯曼，请求加入。

不久之后，中国同盟会机关报《民报》创刊。孙中山阐释道，"民生主义就是共产主义，就是社会主义"。他说，"共产主义是民生的理想，民生主义是共产主义的实行，两种主义没什么区别"。

宋庆龄先生后来回忆说：

> 就在这一海外活动期间，孙中山根据他当时的理解，制定了他的民族主义、民权主义和民生主义。他知

歐美所慮積重難返者中國獨受病未深而去之易是故或於人爲既往之陳跡或於我爲方來之大患要爲繕吾羣所有事則不可不幷時而弛張之嗟夫所陋卑者其所視不遠遊五都之市見美服而求之忘其身之未稱也又但以當前者爲至美近時志士舌敝唇枯惟企强中國以比歐美然而歐美强矣其民實困觀大同盟罷工與無政府黨社會黨之日熾社會革命其將不遠吾國縱能娗跡於歐美猶不能免於第二次之革命而況追逐於人已然之末軌者之終無成耶夫歐美社會之禍伏之數十年及今而後發見之又不能使之遽去吾國治民生主義者發達最先睹其禍害於未萌誠可舉政治革命社會革命畢其功於一役還視歐美彼且瞠乎後也嗟我祖國以最大之民族聰明强力超絕等倫而沈夢不起萬事墮壞幸爲風潮所激醒其渴睡且夕之間奮發振强勵精不已則半事倍功良非誇嫚惟夫一羣之中有少數最良之心理能策其羣而進之使最宜之治法適應於吾羣吾羣之進步適應於世界此先知先覺之天職而吾民報所爲作也抑非常革新之學說其理想輸灌於人心而化爲常識則其去實行也近吾於民報之出世觀之

發刊詞

孫文

近時雜誌之作者亦夥矣，䛸詞以爲美，囂聽而無所終擒埴索塗不獲則反覆其詞而自惑求其斠時弊以立言如古人所謂對症發藥者已不可見。而況夫孤懷宏識遠矚將來者乎夫繕羣之道與羣俱進而擇別取舍。惟其最宜此羣之歷史既與彼羣殊則所以掖而進之之階級不無後先進止之別由之不貳此所以爲與論之母也余維歐美之進化凡以三大主義曰民族曰民權曰民生羅馬之亡民族主義與而歐洲各國以獨立。泊自帝其國威行專制在下者不堪其苦則民權主義起。十八世之末十九世紀之初專制仆而立憲政體殖爲世界開化人智益蒸物質發舒百年銳於千載經濟問題繼政治問題之後則民生主義躍躍然動二十世紀不得不爲民生主義之擅塲時代也是三大主義皆基本於民遞嬗變易而歐美之人種胥治化爲其他旋維於小己大羣之間而成爲故說者皆此三者之充滿發揮而旁及者耳今者中國以千年專制之毒而不解異種殘之外邦逼之民族主義民權主義殆不可以須臾緩而民生主義道马克思和恩格斯，他也听到了关于列宁和俄国革命运动的消息。早在那个时候，社会主义就对他产生了吸引力。他敦促留学生研究马克思的《资本论》和《共产党宣言》，并阅读当时的社会主义书刊。

1912年，《新世界》刊载了《孙中山先生社会主义谈》一文。文中孙中山写道：

> 阙有德国麦克司（马克思）者出，苦心孤诣，研究资本问题，垂三十年之久，著为《资本论》一书，发阐真理，不遗余力。而无条理之说，遂成为有统系之学理，研究社会主义者，咸知所本，不复专迎合一股粗浅激烈之言论矣。

在这里，孙中山肯定马克思主义的科学性，并认为马克思是"科学社会主义的圣人，专从科学方法去研究社会问题的解决，所著的书和发明的学说，可以说是几千年来人类思想的集大成"。

这些研究和论述在20世纪初期中国的思想界、理论界都产生了很多波澜，启发了后来的理论家、政治家，对马克思主义在中国的广泛传播起到了引领和铺垫作用。

梁启超与社会主义思想

提起梁启超，人们都知道他是清末维新变法运动的领导人之一，但他接触、认识、宣传社会主义思想的经历却少有人知。

而这段故事还是要从维新变法说起……

19世纪末20世纪初，清政府陷入了前所未有的内忧外患中。甲午战争的惨败让中国人彻底认识到了国家各方面，尤其是制度层面的危机。梁启超满心激愤地说："吾

梁启超

国四千余年大梦之唤醒，实自甲午战败割台湾，偿二百兆以后始也。"这个时候，他深深地明白，中国落后的根源不是军事力量的落后，而是政治体制的落后。

从此开始，梁启超在政治制度上艰辛求索、著书立说，主张在中国建立君主立宪政体。1898年，因为和老师康有为共同领导了戊戌变法，梁启超名闻天下。

然而，1898年9月21日，慈禧太后发动戊戌政变，这场维新变法运动仅仅历时103天便宣告失败，梁启超被迫流亡日本。

到日本之后，梁启超没有庆幸躲过了杀头的劫难，而是继续思考着国家和民族的命运，思考着维新变法为什么会失败。他学习日语，大量阅读日本书籍，希望从中找到答案。他曾说，"自东居以来，广搜日本书而读之，若行山阴道上，应接不暇，

脑质为之改易，思想言论与前者若出两人"。

当时，日本被披靡欧美的社会主义运动深深震撼，成为亚洲社会主义思潮的中心和基地。恰在此时，梁启超接触到社会主义，这引起了他思想上前所未有的大震撼。

梁启超在《南海康先生传》中写道：

> （康）先生之哲学，社会主义学派哲学也。泰西社会主义，源于希腊之柏拉图，有共产之论。及十八世纪，桑士蒙康德之徒大倡之，其组织渐完备，隐然为政治上一潜势力。先生未尝读诸士之书，而其理想与之暗合者甚多。

这时，梁启超只是认为社会主义同康有为的大同思想非常相似，对马克思的社会主义并没有深入的认识。他说："理想之国家，实则无国家也；理想之家族，实则无家族也。无国家无家族则奈何？以国家家族尽容纳于社会而已，故曰社会主义派哲学也。"

理想的国家，就是没有国家；理想的家族，就是没有家族。那么没有国家没有家族怎么可能呢？因为国家和家族都容纳与社会之中，这就是社会主义哲学所倡导的。

1902年9月，梁启超在《新民丛报》第18号上发表《进化论革命者颉德之学说》，他借助颉德的话介绍了"麦喀士之社会主义"，称"麦喀士（日耳曼人，社会主义之泰斗也）"。他说：

> 今日德国有最占势力之二思想，一曰麦喀士之社会主义，二曰尼志埃之个人主义。……麦喀士谓今日社会之弊，在多数之弱者为少数之强者所压服；尼志埃谓今日社会之弊端，在少数之优者为多数之劣者所钳制。二

者虽持之有故、言之成理，要之，其目的皆在现在，而
未尝有所谓未来者存也。

梁启超在这里提到的"麦喀士"，其实就是马克思。在这篇文章中他评价马克思主义是当时德国最有影响力的两个学派之一。梁启超可以说是中国人当中最早在自己的著述中提到马克思的。

不久之后，梁启超写了《干涉与放任》。在这其中他向人们介绍，国家学说可以分为两大流派：放任主义和干涉主义。其中放任主义等同于个人主义，也就是自由主义；干涉主义等同于社会主义，也可称为"帝国主义"。干涉主义，就是将权力集中于中央，以政府的力量来监督、扶持社会的发展，维持社会秩序。而放任主义是将权力分散到个体，社会发展任由个体之间互相竞争、自治，给予个体充分的自由。

此处，梁启超对社会主义再次下了定义："社会主义者，其外形若纯主放任，其内质则实主干涉者也。将合人群使如一机器然，有总计以扭结而旋擎之，而与不平等中求平等。"这样的社会主义符合人类历史发展的必然趋势，他预言到了二十世纪社会主义将大放异彩，那将是社会主义的全胜时代。

二十世纪初，绝大部分的中国人还不知道什么是社会主义，而梁启超对"社会主义"这一概念有了相当程度的了解，并且形成了自己的见解。虽然他理解的社会主义与科学社会主义有出入，但在这一问题上的研究，可以说，是同时代的中国人所不可望及的。

1903 年正月，梁启超开始游历美洲。4 月 29 日，纽约《社会主义丛报》总撰述哈利逊氏访问梁启超，规劝中国若实行改革，必从社会主义着手。虽然哈利逊非常全面地向梁启超介绍了全世界社会主义的情况，并且赠送了有社会主义纲领的小册

學　說

進化論革命者頡德之學說

中國之新民

二十世紀之天地開其幕者今已一年有奇此年餘之中名人著述鴻篇鉅製貢獻於學界者固自不少而求其獨闢蹊徑卓然成一家言影響於世界人羣之全體爲將來放一大光明者必推英國頡德 Benjaman Bidd 先生今年四月出版之「泰西文明原理」一書。

頡德者何人也進化論之傳鉢鉅子而亦進化論之革命健兒也自達爾文種源論出世以來全球思想界忽開一新天地不徒有形科學爲之一變而已乃至史學政治學生計學人羣學宗教學倫理道德學一切無不受其影響斯賓塞起更合萬有於一爐而冶之蔚然成一有系統之大學科偉哉近四十年來之天下一進化論之天下也唯物主義昌而唯心主義屏息於一隅科學之科學即中國所謂格致盛而宗教幾不保其殘喘進化論實取數千年舊學之根柢而摧棄之翻新之此指狹義之科學即

一

梁启超　《进化论革命者劫德之学说》

子和丛报，但是梁启超思考了中国的实际情况后认为，"进步有等级，不能一蹴而及"。他认为极端的社会主义不仅不适用于当时的中国，甚至连欧美国家也不应该实行这样的社会主义。如果强行实施，将出现的弊端数不胜数。他想中国在这个时候还没有完成阶段发展，没有具备实行社会主义革命的充分条件。可以看出，这时候的梁启超对社会主义还没有完全接受，也缺乏完全正确的认识。

1903 年底，梁启超的《二十世纪之巨灵托辣斯》一文落下了最后一笔。在这篇文章中梁启超又一次说到社会主义就是干涉主义。这一次，梁启超对社会主义进行了更深一步的研究，他明确区别了干涉主义的两种形态 —— 明确区别了干涉主义的两种形态 —— 社会主义与帝国主义，他认为，帝国主义"为政府当道之所凭藉"，社会主义"为劳动贫民之所执持"，两者"性质本依相反"。这个时候，梁启超终于明白社会主义其实是"为劳动贫民"谋利益的。

梁启超还发表了很多篇关于社会主义研究的文章，比如《中国之社会主义》《俄国社会党》《俄罗斯革命之影响》《社会主义论》《社会主义论序》等，在一定层面上为中国社会主义发展奠定了基础。

赵必振与《近世社会主义》

　　赵必振（1873~1956 年），字曰生，号星庵，生于广东南海。11 岁时随母从广西扶父灵柩还乡，定居在老家 —— 今常德市鼎城区。先后就读于常德德山书院、长沙湘水校经书院。戊戌变法前夕，参加院试，补博士弟子员。1900 年，他与"寒社"何来保、胡友业等组织常德"自立军"，事件败露后化装逃往桂林，加入广西圣学会。不久，清廷通缉令至广西，他经澳门亡命日本。到日本后，参与《清议报》《新民丛报》校对、编辑，常以"赵振""史氏"笔名撰文。[①]

　　1902 年，回到上海积极从事译述。是年八月，他在上海广智书局翻译出版幸德秋水 1901 年所著《二十世纪之怪物 —— 帝国主义》，这是中文世界第一次对帝国主义进行分析批判的著作。1903 年，赵必振翻译出版福井准造 1902 年所著《近世社会主义》，此书在中国影响甚大，多次重印。在此前后，他还翻译《日本维新慷慨史》《日本人权发达史》等著作多种。[②]

　　1909 年，至奉天任熊希龄幕僚。辛亥革命爆发，奔走于南京、上海间，积极与革命党人联系。1928 年，应约去民国大学、华北大学任教授，主讲"地理沿革""公羊春秋"和"三礼"。"九一八"事变后，回到湖南，先加入慈善团体，充任华洋义赈会中国董事、湖南水灾救济委员会委员。抗日战争爆发后，返回常德，在常德县中任教。抗战胜利后，已年逾古稀，仍执教于私

---

①② 曾长秋：《赵必振：马克思主义在中国最早的传播者》，载《湖南大学学报（社会科学报）》，2017 年。

立明义中学。新中国成立后，被聘为湖南省文物管理委员会委员，湖南文史研究馆馆员，积极从事文史工作，就自己亲历亲闻，撰写《自立军纪事史料》《自立军人物考·增补》等书，为研究自立会提供了宝贵史料。[①]

赵必振翻译的《近世社会主义》，被称为"近代中国系统介绍马克思主义的第一部译著"。"马克思主义在中国最早

《近世社会主义》

的传播者"。著作称颂《资本论》是"一代之大著述，为新社会主义者发明无二之真理"，称颂马克思"为社会主义定立确固不拔之学说，为一代之伟人"。该书分上、下两册，正文四编约 16 万字。第一编"第一期之社会主义 —— 英法二国之社会主义"有五章，依次介绍巴贝夫、圣西门、傅立叶、欧文、普鲁东、勃朗的生平、著作与学说，尖锐地批判了英法空想社会主义是"空中楼阁"，批评无政府主义是"粗暴过激之议论"。第二编"第二期之社会主义 —— 德意志之社会主义"有四章，为全书核心，依次介绍第一国际的历史以及马克思、洛贝尔图斯、拉萨尔的生平与学说，对德意志社会主义予以充分肯定，对马克思给予高度赞扬。第三编"近时之社会主义"，依次介绍无政府主义、社会民主主义、国家社会主义、基督教社会主义等流派的观点，明确地指出无政府主义与马克思主义"今则如仇"，社会民主主义与

[①] 曾长秋：《赵必振：马克思主义在中国最早的传播者》，载《湖南大学学报（社会科学报）》，2017 年。

共产主义"大异其趣"。第四编"欧美诸国社会党之现状"，依次介绍英、法、德、美以及东欧各国社会党的活动，指出各国社会党的历史并不等同社会主义史。书后附录了《社会主义及其党与之重要诸件表》以及 15 个参考书目。赵必振关于马克思主义学说和社会主义思想的译作，开阔了人们的眼界，给中国纷繁复杂的日趋进步的思想界带来了一股清新空气。①

　　1927 年，上海时代书店将赵译本《近世社会主义》重印，对当时方兴未艾的大革命起到了推动作用。

---

① 鲜明：《〈近世社会主义〉对马克思主义学说译介的贡献》，载《社会科学论坛》2015 年第 4 期。

马君武与社会主义学说

马君武（1881~1940 年），名和，字君武，广西桂林人。1903 年考入日本京都帝国大学工艺化学系，参加留日学生反清运动。1905 年 7 月，马君武与黄兴、陈天华等人共同起草同盟会章程，成为同盟会的第一批会员，还担任《民报》主笔。1911 年辛亥革命爆发，马君武出任《民立报》主笔，呼吁革命。1912 年中华民国政府成立，马君武参与推选孙中山为临时大总统，与人一起起草《中华民国临时政府组织大纲》。1913

马君武

年冬，马君武应邀赴德国深造，一度入柏林农科大学读书，又在波鸿化学工厂任工程师。[①]

马君武在德国翻译了多部世界学术名著，如达尔文的《物种由来》、密尔的《自由原理》、斯宾塞的《社会学原理》和卢梭的《民约论》。其中，《自由原理》最得译界好评，梁启超誉之为"继《天演论》之后中国之第二善译本"。1915 年，马君武获得柏林工业大学工学博士学位，成为中国留德学生获得工学博士学位的第一人。后他跟随孙中山南下护法，1921 年任广西省省

---

① 陈启源：《论马君武对社会主义学说的初步评介》，载《广西大学学报》1995 年第 2 期。

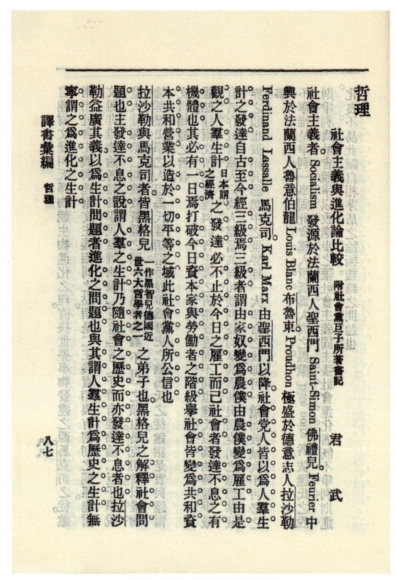

马君武 《社会主义与进化论比较》

长。1922 年辞去政职，专注于高等教育事业，相继担任上海大夏大学、北京工业大学、广西大学、中国公学校长，与蔡元培并称"北蔡南马"。1937 年抗战爆发，马君武兼任中国国防最高会议参议及第一届国民参政会参政员。1940 年 8 月 1 日，马君武病逝于广西大学的教育岗位上，周恩来致挽词"一代宗师"，朱德、彭德怀同志致挽词"教泽在人"。①

马君武所撰《社会主义与进化论比较 —— 附社会党巨子所著书记》一文载于 1903 年 2 月 16 日《译书汇编》（第十二期）。这篇文章的开头便说：

> 社会主义者 Socialism，发源于法兰西人圣西门 Saint-Simon、佛礼儿 Fourier，中兴于法兰西人鲁意伯龙 Louis Blanc、布鲁东 Proudhon，极盛于德意志人拉沙勒 Ferdinand Lassalle、马克司 Karl Marx。

文中在提到马克思时又说："马克司者，以唯物论解历史学之人也。马氏尝谓，阶级竞争为历史之钥。"马君武在文章中认为："社会主义诚今世一大问题，最新之公理，皆在其内，不可不研究也。今介绍其党中巨子所著最有名之书于下"。在其介绍的 26 种有关社会主义的参考书目中，包括"圣西门所著书""佛礼儿所著书"，也包括"马克司所著书"。在马克思所著书中，一共列举了五本，包括：《英国工人阶级状况》（系恩格斯著作）、《哲学的贫困》《共产党宣言》《政治经济学批判》《资本论》。据考证，此文是中文报刊上第一次提到《共产党宣言》的文章。②

此外，马君武还撰写了《圣西门之生活及其学说》和《佛礼儿学说》，③ 在文章中，马君武站在同时代的中国人前列，将欧洲社会主义学说的来源、流派、代表人物、主要观点及其著作，热情洋溢地向留日学生和国内知识界作了评介，是中国较系统地评介社会主义学说的第一人。

---

①② 陈启源：《论马君武对社会主义学说的初步评介》，载《广西大学学报》1995 年第 2 期。
③ 《新民丛报》第 31 号，1903 年。

朱执信与马克思学说

朱执信

朱执信（1885~1920 年），名大符，原籍浙江萧山，生于广州。1902年在广州"教忠学堂"接受教育，对西方政治学说表现了浓厚的兴趣和如饥似渴的探求。朱执信于 1904年应广东省留日考试，名列第一，以官费东渡日本留学，进入东京法政大学速成科攻读经济。他主修法政经济，并攻数学、医学，通英、日两种外语。[①]

1905 年，朱执信成为孙中山领导的中国同盟会的最早会员，被选任评议部议员兼书记，担任同盟会机关刊物《民报》主要撰稿人。担任过中国同盟会、广东军政府、中华革命党的许多重要职务，以及《民报》《民国》《建设》等杂志的创建者和撰稿人。在资产阶级革命推翻清朝封建专制制度的斗争中，以及在反对袁世凯和封建军阀的斗争中，朱执信都发挥了重要的作用，是孙中山先生得力的助手之一。[②]

五四运动后，朱执信积极研究新形势下中国革命发展的方

---

①② 覃哲：《马君武的〈新民丛报〉经历与其政治立场转变轨迹》，载广《西大学学报》2011 年第 5 期。

向，力图探索出中国资产阶级民主主义革命的道路。

1906 年 1 月、4 月，朱执信署名"势伸"，在《民报》第 2、3 号发表了文章《德意志社会革命家小传》（第 2 号标题中的"小"在第 3 号为"列"），第一次对马克思和恩格斯（译文分别作马尔克及嫣及尔）的生平作了较详细的介绍，同时简略地介绍了《共产党宣言》的要点和"十大纲领"，并对《资本论》进行评述，赞扬"马尔克（即马克思）之谓资本基于掠夺，以论今之资本，真无毫发之不当也。"他认为《资本论》是马克思主义的集大成，"而其学理上之论议尤为世所宗者，则《资本史》及《资本论》也。"文章正确区分了马克思学说和空想社会主义的不同，指出：

> 前乎马尔克，言社会主义而攻击资本者亦大有其人。然能言其毒窖之由来，与谋所以去之之道何自者，盖未有闻也。故空言无所裨。其既也，资本家因讪笑之，以为乌托邦固空想，未可得薪至也。是亦社会革命家自为计未审之过也。夫马尔克之为《共产党宣言》也，异于是。①

文中还强调"凡是诸设施，亦不必凡国皆宜，要必善因其国情以为变"。不久，朱执信又在《民报》第 5 号上发表《论社会革命与政治革命并行》一文，明确指出："自马尔克以来，学说皆变，渐趋实行，世称科学的社会主义。"②

朱执信认为马克思所倡导的科学社会主义超过了以前的各种社会主义学说，赞扬了马克思关于阶级斗争和雇佣劳动的学说。这些都是朱执信思想中的积极、进步因素的反映。何香凝在回忆录中称赞："在同盟会中，朱执信是真正研究马克思主义的人。"

---

①② 宋凌迁：《试论朱执信对马克思主义的认识与传播》，载《广西社会主义学院学报》2004 年第 2 期。

報　民

德意志社會革命家小傳

勢　伸

緒　言

社會主義學者於德獨昌於政治上有大勢力而他政黨乃邠顧失勢仰其飲援焉。

蓋自倬士麥當路以來言德國政治而不數社會黨之勢力者未嘗得爲知言也然

溯其始事之際上有暴力旁無奧援二三私人力征經營顚沛敗亡壹不爲意乃稍

稍得集今日得握區區之政權亦猶非社會學者所以爲期也繼此以往欲樹卓絕

之功名於社會間者正亦不患無着手處然而藉強力倚聲援易以有爲視初之孤

詣獨行者盖遠矣。

社會革命與政治革命殊科政治革命者第以對少數人奪其政權爲目的耳然則

敵少而與衆也社會革命則富族先起爲阻而政府又陰與爲務絕滅其根株以

謀其一已之安有政權與有資財者合則在下之貧民無以抗也夫彼其猜疑於社

會黨者固已大謬然而持之堅畏之甚非說論之所能解也抑又甚遠之不欲聞其

一

德意志社會革命家小傳

朱执信 （势伸）《德意志社会革命家小传》

122

　　毛泽东在《中国共产党第七次全国代表大会的工作方针》中说："以前有人如梁启超、朱执信，也曾提过一下马克思主义……朱执信是国民党员，这样看来，讲马克思主义倒还是国民党在先。"

刘师培与马克思学说

刘师培

《天义》

刘师培（1884~1919 年），字申叔，号左盦（庵），汉族，江苏仪征人。1907 年，东渡日本。到日本后，从此开始接触马克思主义。刘师培在日本加入同盟会，并很快成为章太炎主编的《民报》的主要作者之一。他接连在《民报》上发表《普告汉人》《利害平等论》等激烈的反清文章。他还和张继组织了"社会主义讲习会"，在中国留日学生中宣讲无政府主义和一些马克思主义思想。1917年任北京大学教授。著述 74 种，收入民国二十三年（1934）宁武南氏刊本《刘申叔先生遗书》。[①]

《天义》报于 1907 年 6 月于日本东京创刊，起初作为何震等人发起成立的"女子复权会"机关报，后成为刘师培等人组织的"社会主义讲习会"的机关报。基于《天义》报，在热衷无政府主义宣传的同时，刘师培开始组织人手编译《共产党宣言》，很快就译发了恩格斯 1888 年为《共产党宣言》英文

---

① 翟文奇：《刘师培无政府主义思想活动述评》，载《广西大学学报》1990 年第 4 期。

版所写的《序言》和《共产党宣言》的第一章和第二章。不久，恩格斯《家庭、私有制及国家的起源》的部分章节也翻译出版了。刘师培在《宣言》的中译本序中，对马克思主义的阶级斗争学说给予了充分的肯定。[①]

《天义》报第 15 期刊载《〈共产党宣言〉英文版序言》译文，将其列在《学理》栏。刘师培在《编者按》里写道："按《共产党宣言》发明阶级斗争说，最有裨于历史。此序文所言，亦可考究当时思想之变迁。欲研究社会主义发达之历史者，均当从此入门。"在第 16~19 四期合刊中，刊载《共产党宣言》引言部分和第一章《资产者与无产者》中译文[②]，列译文栏之首。刘师培又写了一篇《共产党宣言序》，说明译刊《共产党宣言》的用意是要使人们理解马克思的阶级斗争说。他写道：

> 观此宣言所叙，于欧洲社会变迁，纤悉靡遗，而其要归，则在万国劳民团结，以行阶级斗争，固不易之说也。……则中所征引，周不足以备参考。欲明欧洲资本制之发达，不可不研究斯编。复以古今社会变更，均由阶级之相竞，则对于史学发明之功甚巨，讨论史编，亦不得不奉为圭臬。此则民鸣君译斯编之旨也。

刘师培对马克思主义学说的研究与宣传，在当时的留日学生中影响很大。

---

① 翟文奇：《刘师培无政府主义思想活动述评》，载《广西大学学报》1990 年第 4 期。
② 当时译文第一章标题为《绅士与平民》。

理想社會主義與實行社會主義

德人弗勒特立克恩極爾斯原著　　餘姚施仁榮譯述

學　說

第一編　理想社會主義

社會主義乃地主與非地主或資本家與工人競爭而生之一種主張以實行其生產無治主義也此主義孕育於十八世紀法國哲學潮流浸淫澎湃之時而於經濟學所論之事實有密切關係

當十八世紀之時法國哲學家及大文豪日以發展人智提倡革命爲職務充其所願必欲除盡各種政黨而後已若宗教若博物若社會若其他各種政治機關皆當由眞理組織而成設或不然斷在淘汰總之眞理者萬事之基礎也丁斯時也海及爾有言曰『世界由人腦組織而成』蓋其意以爲人

一

第 一 期

新世界

私自利之心能生利者養而有餘則歸之社會弱而未能生利衰而不復能生利礙於疾病產孕而不能生利者養而不足則取之社會無所謂世襲遺產而貧富不至於不均熙熙而來攘攘而往無非朋友無家界無國界無種界無不平等無不自由無不親愛休哉休哉脫離宗法社會并脫離國家社會合世界人類而共進於大同夫是之謂新世界吾黨於是乎本社會主義而發揮之作新世界以新世界

十

施仁荣译述 《理想社会主义与实行社会主义》

马克思像（《近世界六十名人》）

马克思的形象首次在中国出现

1907 年，世界社出版《近世界六十名人》一书，收入近代
60 位世界名人的照片，其中刊登了马克思 1875 年在英国伦敦
拍摄的肖像，时年 57 岁。这部书由法国巴黎印成后运回我国国
内发行，成为传播马克思主义的重要历史文献。这一肖像后被
1920 年 8 月出版的中文第一全译本《共产党宣言》作为封面，
以及用于中文版马克思的其他著作。在红军时代，曾被印于中
央各革命根据地发行的货币上。1920 年 12 月，上海印刷工会出
版、发行了一本《友世画报》，在该刊的创刊号上，最早使用了
大幅红色马克思画像，头像下方有手写体的"Karl Marx 马克思"
字样；顶部右侧手写体英文为"THE WORLD FRIEND"。

第二章

广泛传播

马克思主义在中国

有三本书特别深刻地铭记在我的心中，使我树立起对马克思主义的信仰……这三本书是：《共产党宣言》《阶级斗争》《社会主义史》。到了一九二〇年夏天，在理论上而且在某种程度的行动上，我已成为一个马克思主义者了，而且从此我也自认为是一个马克思主义者了。

陈独秀与《新青年》

陈独秀（1879~1942年），安徽
安庆人，中国共产党主要创始人之
一，被誉为新文化运动的旗手，五四
运动的总司令，马克思主义的积极传
播者。陈独秀原名庆同，字仲甫，号
实庵，而"独秀"则是他的笔名，取
自家乡安庆城西南60里，一座拔地
而起，无所依附的异峰。"独秀"是
他众多笔名中的一个，但却是最钟
情、用得最多，也是影响最大的。

陈独秀

陈独秀自幼聪明、顽皮，虽然不
喜欢八股，但却天资聪慧，在17岁
那年院试夺魁，中了第一名秀才。然而，陈独秀并没有走封建社
会读书人求官求学的传统道路，而是走上了一条布满荆棘的人生
道路。

陈独秀在乡试失败后，从《时务报》上接触到康有为、梁
启超等人的维新思想，成为康梁的追随者。1901年，陈独秀赴
日本东京学校学习，加入留日学生组织的励志会，在那里接触到
一些西方资产阶级民主思想的著作，比如卢梭的《民约论》和
斯宾塞的《代议整体》，并在日本期间，结识了章太炎、邹容、
蒋百里等一大批激进的革命志士。回国后不久，陈独秀因在安
庆地区组织拒俄运动，被当地知府冠以"干预国事，蛊惑人心"，
"名为抗俄，实为排满"的罪名，被迫出走上海，并在章士钊的

邀请下，参与到《国民日日报》的编辑工作。1904年初，陈独秀创办《安徽俗话报》，报道评论国内外时事，提倡科学、民主、自由。

　　然而，陈独秀所创办的最著名的期刊并不是《安徽俗话报》，也不是他日后参与编辑的《甲寅》杂志，而是引领新文化运动，传播马克思主义真理的重要阵地——《新青年》。虽然历史上曾一度对陈独秀的评价有失偏颇，但《新青年》在马克思主义在中国传播史上的重要地位从未受到质疑。毛泽东曾回忆道，五四时期的许多团体"都是在陈独秀编辑的著名新文化运动杂志——《新青年》影响下组织起来的。我在师范学校读书时，

《青年杂志》第1卷第1号封面

《新青年》第2卷第1号封面

就开始读这本杂志了。并且十分崇拜陈独秀和胡适所作的文章，他们成了我的模范，代替了我已经厌弃的康有为和梁启超"。①

在 1945 年 4 月 21 日中共七大预备会议上，毛泽东作了题为《"七大"工作方针》的报告，提到陈独秀"是五四运动时期的总司令，整个运动实际上是他领导的，他与周围的一群人，如李大钊同志等，是起了大作用的。我们那个时候学习作白话文，听他说什么文章要加标点符号，这是一大发明，又听他说世界上有马克思主义。我们是他们那一代人的学生。五四运动替中国共产党准备了干部。那个时候有《新青年》杂志，是陈独秀主编的。被这个杂志和五四运动警醒起来的人，后头有一部分进了共产党，这些人受陈独秀和他周围一群人的影响很大，可以说是由他们集合起来，这才成立了党。"②

辛亥革命后，日本趁第一次世界大战期间欧美各国无暇东顾，中国国内各派系混战，各种思潮不断碰撞之机，提出企图灭亡中国的"二十一条"；袁世凯倒行逆施，复辟称帝，在思想上利用社会上对辛亥革命后局势的失望情绪，诽谤民主思想，推崇封建专制精神支柱的孔孟之道，掀起一股尊孔读经的逆流，严重束缚着人们的思想。

面对中华民族残酷、混乱的现实局面，1915 年 9 月 15 日，36 岁的陈独秀在上海创办《青年杂志》，旨在宣传科学和民主的思想，引介西方学说，高奏启蒙之歌，唤醒青年自觉吸收近世文明，以救亡图存。1916 年 9 月 1 日，由于被指责与《上海青年》名字雷同，自第 2 卷第 1 号起，《青年杂志》更名为《新青年》。

---

① 《毛泽东自传》，解放军文艺出版社，2001 年，第 30 页。
② 《毛泽东文集·第三卷》，人民出版社，1996 年，第 294 页。

《新青年》初刊为月刊，每卷发行 6 号。截至 1922 年 7 月，《新青年》共发行了 9 卷，54 号。这一时期的《新青年》提倡新文化运动，在哲学、文学、教育等方面反对封建思想意识。鲁迅在五四时期的主要著作大多发表在《新青年》杂志上，如第一篇小说《狂人日记》。从第 6 卷 1 号起，《新青年》成立编辑委员会。李大钊任第 6 卷第 5 号的编辑，并将其编写为马克思主义研究的专号。至此，《新青年》逐渐转变为宣传马克思主义思想、宣传社会主义的刊物，并成为中国共产党上海发起组织的机关刊物。

受到政治、经济条件的影响，《新青年》自发刊之日起，几易其出版发行地址，先后在上海、北京、广州等地编辑出版。1923 年 6 月，《新青年》在休刊近 1 年后才得以在广州复刊，并改组为季刊，同时成为中共中央正式理论性机关刊物。直至1924 年 12 月，《新青年》季刊共出版 4 期。《新青年》季刊复刊起，便成为纯粹宣传马克思主义思想的刊物，刊载了大量列宁和斯大林的著作，以及介绍国际无产阶级革命运动经验的文章。但由于人力不足，《新青年》季刊往往不能按期出版，4 期杂志发行的时间分别为 1923 年 6 月 15 日、1923 年 12 月 20 日、1924 年 8 月 1 日以及 1924 年 12 月 20 日。其中，1923 年 6 月和1924 年 12 月出版的第 1 期和第 4 期分别为专号 —— 共产国际号和国民革命号。

1925 年 4 月 22 日，《新青年》杂志再次恢复出版。该刊原定为月刊，但经常因故脱期。因此，这一时期的《新青年》往往被称为《新青年》不定期刊，但其仍旧为中共中央的理论性机关刊物。这一时期的《新青年》于 1925 年 4 月 22 日、1925 年6 月 1 日、1926 年 3 月 25 日、1926 年 5 月 25 日以及 1926 年 7月 25 日，分别出版了 5 号杂志。其中，第 1 号与第 5 号分别为列宁号与世界革命号专号。

可以说，《新青年》杂志是现代中国革命史上最重要的杂志之一，许多中国共产党的领导人都是在《新青年》的影响下，树立了自己坚定马克思主义信仰。《新青年》杂志带着"新白话""新文化""新思想"，开辟了中国现代杂志的先河，充分反映了五四时期反封建的文化思想运动，之后随着办刊方针发生变化，《新青年》先后成为上海早期党组织和中国共产党的机关刊物。作为马克思主义广泛传播的主阵地，《新青年》为马克思主义思想传入中国并逐渐演变为思想运动主流做出了巨大贡献。

李大钊与《我的马克思主义观》

李大钊

李大钊（1889~1927年），字守常，河北乐亭人。中国共产主义先驱，是中国传播马克思主义的第一人，中国共产党的主要创始人之一。

李大钊生在国家凋敝的19世纪末。他自幼学习传统经学，深谙旧学。在私塾读书时期，听到李自成领导的农民起义和太平天国运动时，开始对清政府产生怀疑。少年时期转入新式学堂，如饥似渴地学习英文、数学、外国地理等西学科目，课余期间，接触到康有为、梁启超的文章，令他爱不释手。

24岁时，李大钊赴日本留学，并于次年进入早稻田大学政治学部学习。在这一时期，他开始接触社会主义思想和马克思主义学说。在日本时，对李大钊的思想影响最深的人，就是安部矶雄。安部矶雄长期在早稻田大学执教，早年曾参加日本早期的工人运动，也是日本社会民主党的创建人，他曾翻译过马克思的著作，是当时日本最为有名的社会主义学者之一。李大钊留学期间，选学了安部矶雄教授的"都市问题"和"社会政策"等课程，安部矶雄在课上常常从社会主义角度来分析经济学和社会问题。此外，李大钊还仔细研读过安部矶雄关于欧洲各种社会主义思潮的文章，比如《法国和比利时的社会主义》和《俄罗斯的社会主义》等，使李大钊对社会主义思想和马克思主义学说有了初步认识。

在日本留学期间，李大钊还结识了当时留学日本、创办《甲寅》杂志的章士钊，并在《甲寅》杂志中担任主要撰稿人，发表了大量有力文章。回国之后，李大钊受到章士钊的邀请，在北京负责《甲寅》的编辑工作。1915 年 1 月，日本向中国提出的灭亡中国的"二十一条"，在留日中国学生中引起强烈反响。李大钊积极参加留日学生自发的反抗斗争，他起草的通电《警告全国父老书》传遍中国，李大钊也因此成为著名的爱国志士。

1916 年回国后，李大钊担任北京大学图书馆主任，并积极投身新文化运动，加入《新青年》编辑部。十月革命取得胜利后，李大钊积极宣传科学社会主义思想。他在《言治》上发表了《法俄革命之比较观》一文，指出"俄罗斯之革命是二十世纪初期之革命，是立于社会主义上之革命，是社会的革命而并著世界的革命之采色者也"，并高度赞扬了十月革命，认为"吾人对于俄罗斯今日之事变，惟有翘首以迎其世界的新文明之曙光，倾耳以迎其建于自由、人道上之新俄罗斯之消息，而求所以适应此世界的新潮流"。李大钊在《新青年》第 5 卷第 5 号上，即 1918 年 11 月发表了《庶民的胜利》和《Bolshevism 的胜利》，充满激情地称颂俄国革命是布尔什维主义的胜利，是世界无产阶级的胜利。

1919 年《新青年》第 6 卷第 5 号出版"马克思研究"号，发表了李大钊的《我的马克思主义观》，这是中国人撰写的第一篇较为全面、系统地介绍马克思主义政治经济学、历史唯物主义和科学社会主义的基本内容。他在文中写道：

> "马克思主义"几有风靡世界的势子，德奥匈诸国
> 的社会革命相继而起，也都是奉"马克思主义"为正宗。

我的馬克思主義觀（上）

李大釗

（一）

一個德國人說過五十歲以下的人說他能了解馬克思的學說定是欺人之談。因為馬克思的書卷帙浩繁學理深晦他那名著『資本論』三卷合計二千一百三十五頁其中第一卷是馬氏生存時刊行的，這第二第三兩卷是馬氏死後他的朋友昂格思替他刊行的。這第一卷和二三兩卷中間難免有些衝突矛盾的地方；馬氏的書本來難解添上這一層越發難解了。加以他的遺著未曾刊行的還有很多；拼上半生的工夫來研究馬克思也不能算是完全了解『馬克思主義』的我平素對於馬氏的學說沒有什麼研究今天硬想談『馬克思主義』幾有僭越的。但自俄國革命今天硬想談『馬克思主義』幾有風靡世界的勢子。德奧何諸國的社會革命相繼而起也都是奉『馬克思主義』為正宗。『馬克思主義』既然隨著這世界的大變動惹動了世人的注意，自然也招了很多的誤解我們對於『馬克思主義』

的研究，雖然極其貧弱而自一九一八年馬克思誕生百年紀念以來各國學者研究他的與味復活批評介紹他的狠多我們把這些零碎的資料稍加整理乘本志出『馬克思研究號』的機會把他轉介紹於讀者使這過世界改造原觀的學說在我們的思辨中有點正確的解釋，吾信這也不是絕無裨益的半萬一為作者的知能譾陋有誤解馬氏學說的地方親愛的讀者肯賜以指正那是作者所最希望的。

（二）

我於評述『馬克思主義』以前，先把『馬克思主義』在經濟思想史上占若何的地位略說一說。

由經濟思想史上觀察經濟學的派別可分為三大系就是，個人主義經濟學社會主義經濟學與人道主義經濟學。個人主義經濟學也可以作作資本主義經濟學。此為最古著原富的亞丹斯密 Adam Smith 是這一系的身祖亞丹斯密以下，若馬爾士 Malthus 李嘉圖 Ricardo 穆勒士 James Mill 等都屬於這一系的經濟學發揮光大就成了正系的經濟學普通稱為正統學派因為這

我的馬克思主義觀

五二一

1919年，李大钊在《新青年》第6卷第5号发表《我的马克思主义观》

"马克思主义"既然随着这世界的大变动，惹动了世人的注意，自然也招了很多的误解。我们对于"马克思主义"的研究，虽然极其贫弱，而自一九一八年马克思诞生百年纪念以来，各国学者研究他的兴味复活，批评介绍他的很多。我们把这些零碎的资料，稍加整理，乘本志出"马克思研究号"的机会，把他转介绍于读者，使这为世界改造原动的学说，在我们的思辨中，有点正确的解释，吾信这也不是绝无裨益的事。

《我的马克思主义观》的发表，也标志着李大钊已经成为彻底的马克思主义者。

1918 年 1 月，李大钊和陈独秀开始在北大共事，并且共同创办了《每周评论》，与《新青年》互为补充。在《每周评论》中，他们抨击帝国主义和封建专制制度，积极宣扬马克思主义和俄国十月革命的胜利果实。1919 年 2 月，李大钊担任《晨报副刊》主编后，便对该报进行了彻底地改版。《晨报副刊》先前是《晨报》的第 7 版，多刊载文言文的旧式小说。经改革后，《晨报副刊》成为传播新文化舆论思想、马克思列宁主义的重要阵地。1919 年 5 月 5 日，在马克思诞辰 101 周年纪念日这一天，《晨报副刊》开辟了"马克思研究"专栏，并持续了 6 个多月，翻译发表了许多马克思重要的著作和思想。

随着对马克思主义的了解不断深入，加之俄国十月革命的胜利为建党营造了有利的社会环境，李大钊逐渐萌发了建立中国共产党的想法。1920 年 3 月，李大钊和陈独秀相约，分别在北京和上海筹建中国共产党，也就是党史上经常被提到的"南陈北李，相约建党"。1920 年 3 月，在李大钊的倡导下，北京大学马克思学说研究会成立，成为中国最早研究和传播马克思主义的组织。马克思学说研究会成立之后，就开始搜集、编译马克思

BOLSHEVISM 的勝利

李大釗

「勝利了！勝利了！聯軍勝利了！降服了！降服了！德國降服了！」家家門上插的國旗，街上跑來跑去的萬歲似乎都有這幾句話在那顏色上音調裏隱隱約約的透出來聯合國的軍人都在市內大吹大擂的高唱凱歌忽而有打碎德人商店窗子上玻璃的聲音忽而有拆毀「克林德碑」磚瓦的聲音和那些祝賀歡欣的聲音遙相應對在留我國的聯合國人那一種高興自不消說我們這些和世界變局沒有很大關係似的國民也得強顏取媚拿人家的歡笑當自己的歡笑把人家的光榮做自己的光榮學界舉行提燈政界舉行祝典軍餘未出一兵的將軍也去閱兵威風凜凜的耀武著歐洲戰役史論主張德國必勝後來又主張對德宣戰的政客也來登報替自己作政治活動的廣告一面歸咎於人一面自己掠功像我們這種世界上的小百姓也祇得跟著人家湊一湊熱鬧祝一祝勝利喊一喊萬歲這就是幾日來北京城內慶祝聯軍戰勝的光景。

但是我輩立在世界人類中一員的地位仔細想想這回勝利究竟是誰的勝利這回降服究竟是那個降服這回功業究竟是誰的功業我們慶祝究竟想到這些問題不但我們不出兵的將軍不要臉的政客耀武誇功沒有一點趣味就是聯合國人論這次戰爭終結是聯合國的武力把德國武力打倒的發狂祝賀也是全沒意義不但他們的慶祝誇耀是全無意味就是他們的政治運命也

《新青年》刊载的李大钊撰写的《Bolshevism的胜利》一文

的各种著作，并建立了收藏共产主义文献的图书室，取共产主义的音译，将其命名为"亢慕义斋"，为建党做准备。同年 10 月，继上海之后，成立中国共产党的早期组织 —— 北京共产党早期组织，李大钊任书记。

1921 年 7 月，中国共产党第一次全国代表大会召开，正式宣告了中国共产党的成立，新的革命火种被点燃，等待迸发熊熊烈火。李大钊成为中国共产党的主要创始人，在建党后负责党在北方的全面工作，并且积极发展共青团员，引导有志青年加入共产党，壮大党的力量。

中国共产党成立之后，李大钊积极投身于第一次国共合作的浪潮中，为推动国共合作做出了重要贡献。作为共产党的代表，他多次与孙中山等国民党人展开会谈，常常"畅谈不倦，几乎忘食"。[①] 孙中山非常欣赏李大钊渊博的学识，谦恭的品格和高尚的革命情怀，他迫不及待地在会谈中提出邀请李大钊加入国民党，以帮助他改组国民党。李大钊虽然对孙中山十分钦佩，但表示自己是第三国际的党员，不便加入国民党。孙中山随机答复他说："这不打紧，你尽管一面做第三国际的党员，尽管加入本党帮助我。"[②] 李大钊也成为最早拥有国民党员身份的共产党人。1924 年 1 月，李大钊被指派为北京地区特别代表出席了在广州召开的国民党第一次全国代表大会，孙中山亲自指定李大钊为大会主席团成员之一。李大钊在会上，积极肯定国共合作的重要意义，驳斥右派的阴谋，最终促成国共合作。

---

① 栖梧老人：《回忆李大钊》，转引自张静如等：《李大钊》，上海人民出版社，1981 年，第 97 页。
② 汪精卫：《中国国民党第二次全国代表大会政治报告》，《政治周报》第 5 期，第 12 页。

　　1927 年 4 月 6 日，由于叛徒出卖，李大钊被捕。22 天后，北洋军阀不顾社会舆论的强烈反对和谴责，处以李大钊等 20 位革命者绞刑。临行前，他激昂高呼"共产党万岁"!"为主义而牺牲"! 正气浩然，英勇就义。

使毛泽东树立起
马克思主义信仰的三本书

我第二次到北京期间……我热切地搜寻当时所能找到的为数不多的共产主义文献的中文本。有三本书特别深刻地铭记在我的心中，使我树立起对马克思主义的信仰……这三本书是：《共产党宣言》《阶级斗争》《社会主义史》。到了 1920 年夏天，在理论上而且在某种程度的行动上，我已成为一个马克思主义者了，而且从此我也自认为是一个马克思主义者了。

毛泽东（1919年）

1893 年 12 月 26 日，毛泽东出生在湖南湘潭韶山冲，自幼饱读诗书，尤爱历史，曾读过 17 遍《资治通鉴》，翻破皇皇《二十四史》。1911 年春，毛泽东考入长沙的湘乡驻省中学堂，第一次接触到孙中山和同盟会的资产阶级民主革命纲领。1914 年，毛泽东来到湖南第一师范学校求学。在第一师范读书期间，国内军阀混战，日本帝国主义趁机加紧对中国的侵略，这一切都深深刺激着饱含热忱的青年毛泽东，一颗救国救民的火种在他心中被熊熊燃起。

1915 年，高举"民主"和"科学"大旗的《新青年》问世，青年毛泽东如饥似渴地阅读着《新青年》的各种文章，思考着解决社会问题的出路。同时，《新青年》还把马克思主义、无政府主义、新村主义、工读主义等思潮带入中国，使青年毛泽东接触到改变社会的不同社会思潮。毛泽东还在 1917 年 4 月 1 日出版的《新青年》杂志第 3 卷第 2 号上，以姓名笔画（繁体"毛泽东"三个字的笔画为 28 画）为名，发表了《体育之研究》一文，署名"二十八画生"。

1918 年 4 月 14 日，毛泽东和蔡和森等人组织成立"新民学会"，旨在鼓励人们革除旧习，接受新思想，提高自身修养，之后以"改造中国和世界"为宗旨。新民学会成立之初共有 21 名成员，定期举行会议，讨论社会思想问题和当前形势，探讨中国革命的道路和方法，会员有许多中国共产党历史上的重要人物，包括向警予、蔡畅等。五四运动后，蔡和森等一部分会员赴法勤工俭学，另一部分毛泽东等会员则留在国内进行斗争。然而，地域并没有阻碍新民会员之间的沟通和探讨，两部分会员通过信件，彼此交换见闻和心得，并编辑成册，取名《新民学会会员通讯集》。到 1920 年底，许多新民学会的会员分别加入社会主义青年团和共产主义小组，1921 年中国共产党成立后，新民学会随之停止活动。

五四运动使中国社会逐渐了解了马克思主义，也迎来了宣传新文化、新思想的高潮。据统计，五四运动后，新刊物如雨后春笋般，在一年之内就出版了四百多种，且大多数是由各地学生组织以及高等学校、中等学校的学生主办的。这其中，我们不得不提到一本与青年毛泽东息息相关的杂志 ——《湘江评论》周刊。

1919 年 7 月 14 日，《湘江评论》周刊以湖南学生联合会的名义发行，毛泽东担任主编和主要撰稿人。青年毛泽东为《湘江评论》周刊的出版工作投入了大量时间和精力，写稿、审稿、编辑到校样他都亲力亲为。特别是在夏天，工作和生活在一个狭长的小屋，酷热难耐，蚊虫时常"造访"，但恶劣的条件无法阻止这位年轻主编的热情，毛泽东为了一篇稿子常常写到半夜。
这位年轻的主编在《湘江评论》周刊中的《创刊宣言》中疾呼，

> 时机到了！世界的大潮卷得更急了！洞庭湖的闸门
> 动了，且开了！浩浩荡荡的新思潮业已奔腾澎湃于湘江两
> 岸了！……如何承受他？如何传播他？如何研究他？如
> 何施行他？是我们全体湘人最切要的大问题，即是《湘
> 江》出世最切要的大人物。

虽然那个时候，马克思主义还没有系统地传入中国，但是从
毛泽东在《湘江评论》周刊中撰写的文章中，我们可以看到青年
毛泽东正在逐渐向马克思主义转变。在《湘江评论》中，这位
年轻的主编高度赞扬了十月革命，"劳农两界合立了委办政府"，
"全世界为之震动"；批判帝国主义，揭露巴黎和会上英、法、美
三国"不外得到若干土地，收赔若干金钱"；无情地抨击封建主
义，辛辣地讽刺封建主义，他反问道："难道定要留着那'君为
臣纲''君君臣臣'的事，才算是'民国所宜'吗？"深刻剖析
了新和革命的根本弱点，指出"辛亥革命，似乎是一种民众的联
合，其实不然。辛亥革命，乃留学生的发纵指示，哥老会的摇旗
呐喊，新军和巡防营一些丘八的张弩拔剑所造成的，与我们民众
的大多数毫没关系。"同时也预示了中华民族必然走向胜利，他
满怀激情地写道：

> 我们中华原有伟大的能力！压迫愈深，反动愈大；
> 蓄大既久，其发必速。我敢说一句怪话，他日中华民族
> 的改革，将较任何民族为彻底。中华民族的社会，将较
> 任何民族为光明。

1919年7月14日，毛泽东主编的湖南学生联合会会刊《湘江评论》在长沙创刊

《湘江评论》周刊选题切中社会关键问题，针砭时弊，语言通俗易懂，非常受欢迎。创刊号印刷 2000 份，当天便一抢而空，之后又加印 2000 份，很快又售罄，从第 2 期起，每期增印至 5000 份。可以说，《湘江评论》促进了马克思主义在中国的早期传播，推动了全国革命形势的发展和广大青年的进步，特别是对华南地区的学生运动产生了积极影响，也影响了许多青年和学生走上革命道路，比如萧劲光和任弼时。萧劲光曾回忆任弼时时写道：

> 弼时同志在长沙读书的时候，正是五四运动波及全国的时候，这时毛主席在湖南领导和开展了广泛的革命活动。毛主席主编的《湘江评论》传播了巨大的革命影响。我们正是在这个革命运动的影响下开始了革命觉悟的。

但是，当《湘江评论》刚刚印完第 5 期，还没来得及发行，就在 1919 年 8 月被湖南军阀张敬尧查封了。至今，市面上都很难找到《湘江评论》第 5 期。

1919 年 12 月，为领导湖南社会各界驱逐军阀张继尧的斗争，毛泽东第二次来到北京。这次北京之行，使毛泽东思想发生了极大转变，促使他转向了对马克思主义的信仰。

1920 年 1 月 4 日，毛泽东的老师黎锦熙来看望他时，发现他办公桌上放着《国民》杂志。这本杂志载有李泽彰翻译的《共产党宣言》第一章"资产者和无产者"的内容，使得毛泽东深受震撼。在 1920 年，毛泽东还阅读到了全译本的《共产党宣言》。

对这段时期的经历，毛泽东在 1936 年会见美国记者埃德加·斯诺时谈了自己思想上的变化：

> 有三本书特别深刻地铭记在我的心中，使我树立起对马克思主义的信仰。我接受马克思主义，认为它是对历

史的正确解释，以后，我对马克思主义的信仰就没有动摇过。这三本书是：陈望道译的《共产党宣言》，这是用中文出版的第一本马克思主义的书，考茨基著的《阶级斗争》，以及柯卡普著的《社会主义史》。到了1920年夏，我已经在理论上和在某种程度的行动上，成为一个马克思主义者，而且从此我也自认为是一个马克思主义者了。

后来，毛泽东又说，正是看了《共产党宣言》等著作后，"我才知道人类自有史以来就有阶级斗争，阶级斗争是社会发展的原动力，初步地得到认识问题的方法"。自此，毛泽东与《共产党宣言》结下了不解之缘，对它爱不释手，不仅自己读，还号召全党读，在革命战争时期和社会主义建设时期，毛泽东多次将《共产党宣言》列入全党的学习读本。

陈望道与《共产党宣言》

陈望道（1891~1977），出生于浙江省义乌县分水塘村的一个农民家庭。自少年时起，学习成绩就年年名列前茅。1915年初赴日本留学，期间结识了日本著名进步学者河上肇、山川均等人，开始接受马克思主义理论的熏陶。日本的留学生活，让陈望道得以吸收十月革命成功的经验和马克思主义新思潮的影响，使他对于平等的定义有了新的认识："真正平等，那就资本家不应该压服劳工，劳工也不应该压服资本家。真正平等，就人民不应该将政府当奴隶，政府不应该将人民当奴隶。"[①] 在他激进的民主主义思想中，产生了社会主义的萌芽。1919年6月陈望道回国后，在浙江第一师范学校担任国文教员。

陈望道原名陈参一，他求学东瀛及初到"一师"任教时都是用的原名。正是在受到五四新文化运动的启示后才改名为望道。……'望道'二字合起来即为探索、展望，寻找新的道德、新的法则、新的革命的道路。[②]

五四运动和在"一师"执教的经历使得陈望道对马克思主义有了更新的认识，正如他自己所说：

马克思主义是在五四前后传入我国的。……对一切五四以后以"新"为名的新什么新什么的刊物或主张，

---

① 陈望道：《我之新旧战争观》，载《时事新报》副刊《学灯》，1919年。
② 邓明以：《陈望道传》，复旦大学出版社，1995年，第37页。

> 不久就有了更高的判别的准绳，也就有了更精的辨别，
> 不再混称为新、混称为旧了。这更高的辨别的准绳，便
> 是马克思主义。有了马克思主义，便有了正确的立场、
> 观点和方法……①

五四运动前，马克思主义著作已经被零星地、片段地介绍到中国，五四运动虽大大加速了马克思主义在中国的传播，但到这一时期为止，还没有一本马克思主义著作的中文全译本出现。马克思、恩格斯合著的《共产党宣言》是国际共产主义运动的第一个纲领性文件，被称为马克思主义经典著作的"歌中之歌"，它的中文全译本的出现具有里程碑的意义，而第一个全译本的译者就是陈望道。

五四运动后，《星期评论》主编戴季陶想要邀人翻译《共产党宣言》，经邵力子推荐约请陈望道，而当时已经接受了马克思主义思想的陈望道欣然答应了这个邀约。1920年春，他回到故乡义乌分水塘村，在一间破旧的柴屋里专心翻译《共产党宣言》。柴屋的条件十分简陋，但丝毫没有影响他翻译《共产党宣言》的决心。据考，翻译《共产党宣言》时，陈望道主要依据的是戴季陶提供的由幸德秋水、堺利彦合译的日文版，并参考了陈独秀自北大图书馆取出的英文版。在翻译期间，陈望道夜以继日地忘我工作，一日三餐都由母亲亲自送给他。母亲见他工作辛苦，很是心疼，于是找到糯米包了一点粽子，又准备了一碟红糖，一起送进了他翻译的柴屋里。期间，母亲在屋外几次问他红糖够不够，陈望道都连连回答："够甜，够甜了。"等到母亲进屋收拾碗筷的时候，却发现他满嘴都是黑的，原来他太过专注于翻译工作，误把墨汁当成红糖蘸着粽子

---

① 陈望道：《谈马克思列宁主义在中国的胜利》，《陈望道文集》第一卷，浙江大学出版社，2011年，第284页。

陈望道译 《共产党宣言》第1版　　陈望道译 《共产党宣言》第2版

吃下去，自己却没有发觉。习近平总书记在提到这个故事的时候评价道："这就是信仰的味道，信仰的力量。"

　　陈望道花了"比平时多五倍的工夫"，[①] 于 1920 年 4 月完成了《共产党宣言》的译稿。经过重重困难，1920 年 8 月，《共产党宣言》第一个中文全译本终于在上海正式出版，印刷及发行者为社会主义研究社，封面红色，上印有马克思像（1875 年，57 岁的马克思摄于英国伦敦），共计印行约 1000 册。该书出版后，反响热烈，很快便销售一空。但由于印刷太过仓促，初版把封面的书名《共产党宣言》错印成了《共党产宣言》。同年 9 月，在勘误之后，《共产党宣言》第二个中文全译本被出版，除名字被纠正以外，封面也改为了蓝色。在 1975 年前，很多人误把 9 月

---

① 陈望道之子陈振新（复旦大学教授）在接受采访时提到。

的再版本当作初版本，直到译者陈望道亲自辨认后，才知道原来错印版才是初版本，《共产党宣言》中译本的初版本弥足珍贵，就目前所知全国仅存 11 册，现由中国国家图书馆、上海中共一大会址纪念馆等单位收藏。

《共产党宣言》陈望道译本在中国的传播并不是一帆风顺的，因为在"反动统治之下，马克思主义书籍是'禁书'"。^① 尤其是 1927 年蒋介石发动四一二反革命政变后，"《共产党宣言》译者"的帽子就扣在了陈望道的脑袋上，《共产党宣言》中译本的出版也受到了阻碍。"但马克思主义是真理。真理总是不胫而走的……没有办法阻挡马克思主义的发展和胜利"。^② 为了躲避反动派的审查，在多次再版时，除了对书名进行伪装以外，《共产党宣言》陈译本还使用了不同的译者名。例如，1926 年 1 月平民书社出版的《共产党宣言》陈译本，用的译者名为"陈佛突"，1933 年 2 月上海春江书店出版的《共产党宣言》陈译本，用的译者名为"仁子"等等，更是有很多版本没有写明译者。

《共产党宣言》陈望道译本的出版和传播，为中国共产党早期党组织的成立，以及 1921 年中国共产党的诞生奠定了思想和理论基础。一大批具有初步共产主义思想的仁人志士，在它的影响下，从激进民主主义者成长为马克思主义者。

在 1949 年 7 月召开的第一届中华全国文学艺术工作者代表大会上，周恩来对陈望道说："陈望道先生，我们都是您教育出来的。"

作为马克思主义著作的第一个中文全译本，陈望道翻译的《共产党宣言》无疑对马克思主义的中国化起到了积极的推动作用。

---

① 陈望道：《谈马克思列宁主义在中国的胜利》，《陈望道文集》第一卷，第 284 页。
② 陈望道：《谈马克思列宁主义在中国的胜利》，《陈望道文集》第一卷，第 284 页。

马克思主义与非马克思主义的论争

　　五四运动后到中国共产党成立前的中国，各种思想流派自由争鸣，马克思主义正是在与各种形形色色的思想流派的论争中阐明了自己的要义，并得到广泛传播。问题与主义论战、社会主义论战、马克思主义与无政府主义论战，是中国共产党成立前马克思主义与非马克思主义的三次论争。

　　"问题与主义"之争，是马克思主义传入中国后与非马克思主义的第一次公开较量。五四运动后，随着马克思主义在中国的影响迅速扩大，以胡适为代表的资产阶级改良派加紧了对马克思主义的攻击。1919年7月20日，胡适在《每周评论》第31号发表《多研究些问题，少谈些"主义"》，拉开论战序幕。同月，革命民主主义者蓝公武在《国民公报》发表《问题与主义》一文，首先对胡适做出回应。8月17日，李大钊在《每周评论》第35号发表《再论问题与主义》一文，系统批驳了胡适的观点，并阐明宣传"主义"的必要性。胡适认为"空谈好听的'主义'，是极容易的事，是阿猫阿狗都能做的事，是鹦鹉和留声机都能做的事"。① 反对那些高谈主义的"根本解决"，主张以研究各种具体问题为方法的点滴改良。

　　对此，李大钊以唯物史观的根本观点捍卫了马克思主义。他首先明确了问题与主义的关系不可分离。一个社会问题的解决，需要多数人的共同运动，宣扬"主义"的必要性就在于它使

---

① 胡适：《多研究些问题，少谈些"主义"》，《每周评论》1919年第31号。

人们有了一个共同的趋向。为回应"空谈"，李大钊指出：

> 一个社会主义者，为使他的主义在世界上发生一些影响，必须研究怎么可以把他的理想尽量应用于环绕着他的实境。[1]

这表明李大钊已经认识到应用外来的马克思主义必须结合中国实际问题。面对胡适以实用主义为指导提出的点滴改良方案，李大钊以唯物史观为依据，重申中国社会必须先解决最基础的经济问题，其他一切问题才有解决的希望。胡适在收到蓝公武、李大钊的回应后，又写《三论问题与主义》《四论问题与主义》等文章为自己辩护，攻击马克思主义，宣扬资产阶级的改良主义，但没能扭转其改良主义的没落趋势。"问题与主义"论战的实质是新文化阵营内不同派别对中国社会改造方法问题的讨论。这场论战使双方的主张更加明确，使越来越多的先进分子选择了马克思主义。通过这场论战，早期马克思主义者也吸收了反对派的正确观点，更加注意研究实际问题。

社会主义论战是发端于 1920 年，在马克思主义者与伪马克思主义者之间展开的一场论战。随着各地共产党小组相继酝酿成立，中国基尔特社会主义者张东荪、梁启超等人反对马克思主义者在中国建立无产阶级政党，并以《解放与改造》为阵地抵制马克思主义，宣传基尔特社会主义，由此掀起关于社会主义的论战。"基尔特"原指包括雇主、资本家在内的一种行会组织。所谓基尔特社会主义，即是一种主张劳资合作的资产阶级改良主义学说。马克思主义者在《新青年》《共产党》等刊物上发表

---

[1]　李大钊：《再论问题与主义》，《每周评论》，1919 年，第 35 号。

1919年7月，胡适在《每周评论》发表的《多研究些问题，少谈些"主义"！》

文章进行反驳。

基尔特社会主义与马克思主义的主要分歧在于：

第一，中国是否有实行社会主义的阶级基础。研究系的基尔特社会主义者认为中国经济落后，并无真正的劳动者阶级，以此否认阶级差别和阶级斗争。马克思主义者则指出中国虽然经济落后，但无产阶级的存在是客观事实。

第二，中国是通过社会主义发展实业还是通过资本主义发展实业。基尔特社会主义者认为中国只能依靠"绅商阶级"发展资本主义，振兴实业。马克思主义者则认为中国要在社会主义制度下有组织、有秩序地发展实业。

第三，以何种态度对待资本家。基尔特社会主义者从资产阶级立场出发，主张以改良主义的方法唤起资本家觉悟、矫正资本家态度。而马克思主义者认为只能通过革命手段推翻资产阶级。

关于社会主义的论战以研究系的失败告终。这场论战，肃清了以社会主义为外衣的资产阶级改良主义的影响，划清了科学社会主义同资产阶级伪社会主义的界限，促进了中国共产党的成立和革命活动的开展。

马克思主义与无政府主义的论战也是发生在中国共产党成立前后的一场重要论战。辛亥革命后，无政府主义在中国广为流行，随着十月革命和马克思主义在中国的影响扩大，无政府主义者发起了对马克思主义的进攻。1920年初，无政府主义者发表《我们反对布尔扎维克》和《为什么反对布尔扎维克》等文章公开向马克思主义发起挑战。同年9月，陈独秀发表《谈政治》一文，明确以无产阶级专政思想批驳无政府主义，各地马克思主义者也利用《新青年》《共产党》等报刊进行反击。马克思主义者主张必须通过无产阶级专政保护劳动者利益，认为社会中没有绝对的个人自由，分配原则也只能是符合中国国情的按劳分配。与之相反,无政府主义者则反对一切强权,主张个人绝对自由,提倡按需分配,是一种小资产阶级的理想主义思想。马克思主义传入之前,无政府主义受人追捧的部分原因是无政府主义能够代表被压迫小资产阶级的要求。但当无政府主义进入实践领域,它的空想性就显露无遗。先后成立的无政府主义团体都未能在中国大地上存活。而它的论敌 —— 马克思主义指导下的创建的社团、研究会等团体却不断发展壮大,并最终建立了马克思主义政党。

关于这场论战的胜负,历史已经给出了最后的评判。这场论战纯洁了共产主义的革命队伍,使更多知识分子分清了无政府主义与马克思主义,实现了由革命民主主义者向马克思主义者的转变。

第三章 马克思主义传入中国的

三个主要渠道

十九世纪末二十世纪初，马克思主义在中国传播的三条主要渠道有日本渠道、西欧渠道、苏俄渠道。

日本渠道

马克思主义在中国早期传播过程中主要有三条来源渠道，分别可称为"日本渠道""西欧渠道"和"苏俄渠道"。

其中，"日本渠道"的代表人物有李达、李汉俊、杨匏安、陈望道等。

李达

李达

李达（1890~1966年），湖南零陵县人，出生于一个佃农家庭，从小聪颖好学。

1913年，他参加赴日留学统考，以优异的成绩考取了湖南留日官费生。可是在日本仅一年，就因用功过度得了肺病，不得不辍学回国。1917年，他再次来到日本，考入东京第一高等学校学习探矿冶金。1918年，为参与反对段祺瑞政府与日本政府签订卖国的《中日共同防敌军事协定》的请愿示威活动，李达从日本回国。

1919年，李达第三次来到日本。这一次他放弃了理科学习，专攻马克思主义理论。

在日本期间，他写作了《什么叫社会主义》《社会主义的目的》两篇文章，在国内的《民国日报》副刊《觉悟》上发表。

此外，他还翻译了三本著作，分别是《唯

1919~1920年，李达翻译了《唯物史观解说》《社会问题总览》等著作

李汉俊根据日本社会主义者远藤无水的《通俗马克思资本论》译成《马格斯资本论入门》

物史观解说》《马克思经济学说》和《社会问题总览》。

《唯物史观解说》是荷兰学者郭泰的著作，李达在读到这本书的时候，就发现它深入浅出地解释了唯物史观的要义，在说明社会主义必然发生的根源上解释周全。因此，他决定将这本书介绍给国人。

《马克思经济学说》是考茨基的著作。李达虽不是第一个翻译这本书的人，但是他的译本被李大钊领导的北京马克思主义研究会列为参考文献之一。

《社会问题总览》是日本高畠素之的著作，叙述了社会政策的意义与来由，是作者尝试用马克思唯物史观分析社会问题的代表作。

李达的这三部译著大体上涵盖了马克思主义的三个组成部分，也就是马克思主义哲学、马克思主义政治经济学和科学社会主义。

李汉俊

李汉俊（1890~1927年），原名诗书，号汉俊，又名人杰。出生在湖北潜江的一个贫寒知识分子家庭，父亲是一名私塾教师。

1904年，12岁的李汉俊在哥哥李书城挚友吴禄贞的资助下，东渡日本求学，进入法国教会晓星中学读书，学习法语和日语。他也是当时学校里唯一的中国学生。1915年，李汉俊考入了东京帝国大学土木工程学科，1918年毕业。

1918年的冬天，李汉俊回到上海。回国之后，很快就融入进步青年当中，和大家一起激烈地讨论救国之策。李汉俊向他们介绍了十月革命和苏俄的情况,向他们推荐了马克思主义的进步书籍和日本的进步杂志。

李汉俊的思想影响了当时的很多人,董必武就是其中之一。董必武后来回忆说:

> 当时社会上有无政府主义、社会主义、日本的合作主义等,各种主义在头脑中打仗,李汉俊来了,把头绪理出来了,说要搞俄国的马克思主义。

五四运动前后,李汉俊在上海的《星期评论》和《民国日报》副刊《觉悟》上,连续撰译了《怎样进化》《改造要全部改造》《研究马克思主义学说的必要及我们现在着手的方法》《世界思潮之方向》《劳动者运动之指导伦理》《强盗阶级底成立》等文章。

《资本论》是马克思的经典巨著,李汉俊为了让想要阅读此书的读者容易理解,对日本社会主义者远藤无水的《通俗马克思资本论》重译,取名《马格斯资本论入门》。在这本书中,他对马克思主义经济学作了普及性的论述。这对扩大马克思政治经济学的传播,尤其是在工人阶级中的传播起到了非常重要的作用。

杨匏安

杨匏安(1896~1831年),原名锦焘,笔名匏安。出生于广东省香山县南屏乡(今属珠海市)一个破落茶商家庭。他早年丧父,靠母亲以做手工维持生活。中学时期,杨匏安就阅读了张之洞、康有为、梁启超、孙中山和刘师复等人的大量著作,从中了解到中国近代的各种社会思潮及其发展脉络。

1911年,杨匏安东渡到日本横滨求学。在日本的生活非常困苦,他靠着打零工,撰写文章赚取零星的生活费。因为勤学苦

杨匏安

练，不久之后他便可从事日文翻译工作，也由此开始接触马克思主义的日文译著。

1916年，杨匏安奉母命离开日本回乡结婚。1918年，举家迁往广州，寄居于香山北山村杨氏家族在广州司后街设立的杨家祠。来广州后，杨匏安在广州时敏中学任教，后又兼任《广东中华新报》记者。

五四运动爆发后，杨匏安在广州积极投入反帝爱国斗争。1919年10月至12月间，他连续发表文章，对各派社会主义学说的要点及其创始人的生平进行了介绍。同年，他在《广东中华新报》副刊连载《马克思主义》一文，对马克思主义的三个组成部分作了比较全面而简要的阐述。这是华南地区最早介绍马克思主义的文章。

西欧渠道

　　19 世纪末 20 世纪初，在中国展开了一场轰轰烈烈的旅欧勤工俭学运动，成为马克思主义在中国传播的三条主要路径之一 —— 欧洲路径的重要组成部分，[①] 极大促进了马克思主义在中国的传播。

　　旅欧勤工俭学学生所传播的马克思主义绝大部分为马克思、恩格斯的著作，与俄国路径和日本路径相比，具有较强的正统性。其主要代表人物有周恩来、邓小平、聂荣臻、蔡和森、向警予和赵世炎等。该项运动始于 1919 年 3 月，在 1920 年达到高潮。先后有 15 批共计 1700 余人赴欧勤工俭学。在此之前，也有大批华人赴欧，但以工人为主，主要目的是到欧洲做工，求学只是其做工之余的补充而已。

[①] 这里的旅欧勤工俭学运动，包括在法国、比利时、德国的勤工俭学运动，但主要指赴法勤工俭学运动。

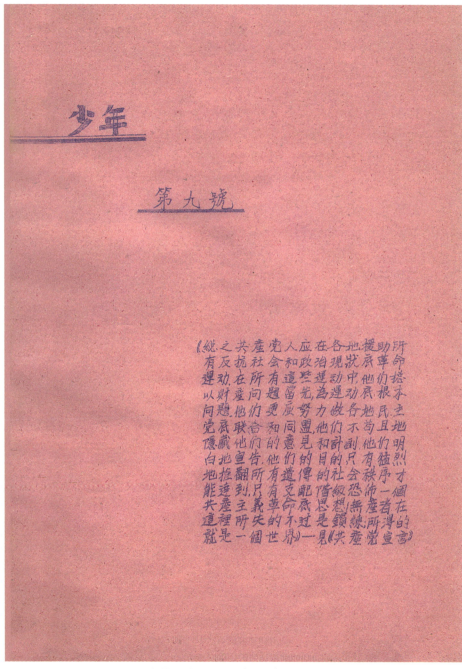

周恩来等在法国主编的《少年》杂志，第9号

周恩来

1898 年 3 月 5 日，周恩来出生在江苏淮安。幼年母亲去世，周恩来在十一二岁时便扛起生活的重担，照顾两个弟弟。1910 年，周恩来随伯父来到奉天，后移居天津，并在 15 岁那年考入南开中学。南开学校是由严修、张伯苓两位爱国人士仿照欧美近代教育制度创办的学校，学术氛围浓厚，并且管理严格。周恩来十分珍惜在南开中学读书的机会，学习非常刻苦，成绩优秀，还阅读了大量中国历史和西方思想家的著作，汲取了近代教育的各方面知识，并且接受着民主主义和爱国主义思想的熏陶。

周恩来在巴黎的住所门前

1917 年，周恩来中学毕业。在那时，日本是亚洲地区唯一经过变革实现了工业化和现代化的国家，中国的年轻人通常将日本视作变革的典范。去日本留学，学习现代思想和知识，考察日本发展状况成为一种时尚潮流。同其他中国有为的年轻人一样，周恩来毕业后也决定赴日留学，借赴日之学思考中国未来的发展道路。

周恩来到日本后，一边努力学习，一边留心考察日本社会。十月革命之后，马克思主义和社会主义思潮涌入日本，周恩来开始接触到新思想，如饥似渴地阅读了许多介绍马克思主义和各种社会思潮的书刊，比如，幸德秋水的《社会主义神髓》、河上肇的《贫乏物语》、河上肇主编的《社会问题研究》、堺利彦创办的《新社会》等。特别是河上肇创办的《社会问题研究》，比较全面、系统地介绍马克思主义的理论体系。周恩来很快就成为《社会问题研究》的忠实读者。

五四运动前后，有1600名青年学生相继到法国勤工俭学。图为欢送会后的合影

1919 年 4 月，周恩来回国，随即就投入到轰轰烈烈的五四运动中。5 月 4 日，五四运动爆发，北京学生高喊"收回山东权利""拒绝在巴黎和约上签字""废除二十一条""外争主权，内除国贼"等口号。一天之后，天津学生就开始响应，支援北京学生。5 月 14 日，为了集结力量，天津学界成立天津学生联合会，不久之后，又成立天津女界爱国同志会。周恩来作为南开校友，在回国后不久便全力投身于天津的学生运动，并且担任天津学生联合会创办的《天津学生联合会报》主编一职。周恩来撰写了发刊词《革心！革新》，号召通过改造自身思想从而了解社会、思考社会、改造社会。《天津学生联合会报》密切配合当时的爱国斗争，积极报道学生运动，对于突发事件还常发行号外，号召学生和各界同胞采取罢工、罢课、示威游行等方式参与爱国斗争，不断向北洋政府施压。1919 年秋，由于北洋政府的查封和施压，《会报》被迫停刊。但经周恩来多方努力，10 月《会报》得以复刊，到 1920 年终刊，共出版了 100 多期，成为五四时期天津学生运动中的重要文献。

这一时期的另一份重要文献是《平民》杂志。1919 年，天津女界爱国同志会与天津学生联合会共同组办平民杂志社，出版发行《平民》杂志，旨在"提醒一般平民使他们知道他和国家的关系，并他自己在社会上的责任"。

彼时中国，封建思想非常顽固，男女不能同校，更不能参与同一个团体开展活动。而周恩来等爱国青年希望能够冲破封建束缚，构建男女平等的新思想。因此，周恩来等在 1919 年 2 月赴北京请愿后回天津的路上，就与天津女界爱国同志会的学生领袖商量，决定把天津学生联合会和女界爱国同志会的骨干组成一个新的团体，形成统一的领导核心。1919 年 9 月 16 日，这样一个新的团体 —— 觉悟社在草厂庵天津学联办公室成立了。觉悟社是一个严密的学生组织，为了体现男女平等，初创的觉悟社共有成员男女各 10 名，共计 20 名。他们对外废除姓名，用抓阄的办法决定各自的代号，再以代号的谐音作为化名，如周恩来为 5 号，化名"伍豪"；邓颖超为 1 号，化名"逸豪"；赵光宸为 9 号，化名"奈因"（即英文 nine 的谐音）。因为 20 人在 50 个号码（从 1~50）中任意抓取代号，故 20 人的代号是不连续的（参见下表）。

觉悟社成员姓名、代号和化名

男成员			女成员		
姓名	代号	化名	姓名	代号	化名
周恩来	5 号	伍豪	邓颖超	1 号	逸豪
赵光宸	9 号	奈因	周之廉	3 号	珊
薛撼岳	11 号	石逸	国隆真	13 号	石珊
关锡斌	18 号	石霸	刘清扬	25 号	念吾
潘世纶	19 号	石久	吴瑞燕	26 号	念六
胡维宪	20 号	念豪	李锡锦	31 号	衫逸
李振瀛	28 号	念八	郑季清	34 号	衫峙
马骏	29 号	念久	张若名	36 号	衫陆
谌小岑	41 号	施以	张嗣婧	37 号	衫弃
谌志笃	50 号	武陵	李毅韬	54 号	峙山

在周恩来的提议下，觉悟社刚一成立就请来李大钊到天津做演讲。那时，李大钊刚刚在《新青年》上发表了《我的马克思主义观》，他来到天津也是向大家介绍马克思主义的。周恩来代表觉悟社向李大钊汇报其社的情况。在得知觉悟社提倡男女平等，不分性别结社，并且计划出版自己的刊物后，李大钊高度赞成这种做法，认为觉悟社是社交公开的先行。对于刊物，他建议觉悟社社员好好阅读《新青年》和《少年中国》上登载的文

章，勉励大家注意研究世界革命的新思潮。

在李大钊先生的鼓励和周恩来等其他觉悟社进步青年的努力下，觉悟社的社刊《觉悟》杂志在 1920 年 1 月 20 日问世，周恩来担任主编。从页面形态上看，这本杂志更像一本小书，32 开，共计 100 余页。

《觉悟》杂志登载了许多长篇且有分量的文章。其中，在周恩来起草的觉悟社宣言——《觉悟的宣言》中，他明确指出，觉悟社"以'革心''革新'的精神，求大家的'自觉''自决'"，要铲除并改革一切"不合于现代进化的军阀主义、资产阶级、党阀、官僚、男女不平等界限、顽固思想、旧道德、旧伦常……"，体现了周恩来等进步青年对新思想的探索。然而，《觉悟》的创刊号，也是出版的唯一一期杂志。在这期《觉悟》杂志刚刚出版 9 天后，周恩来就因营救被捕学生代表而遭到直隶公署逮捕，天津"一·二九"事件发生，《觉悟》杂志随即被迫停刊。

在唯一的这期《觉悟》中，周恩来发表了自己在日本游览京都名胜岚山后所写下的小诗《雨中岚山》：

雨中二次游岚山，两岸苍松，夹着几株樱。
到尽处突见一山高，流出泉水绿如许，绕石照人。
潇潇雨，雾蒙浓；一线阳光穿云出，愈见娇妍。
模糊中偶然见着一点光明，真愈觉姣妍。

在这首小诗中，青年周恩来借景抒情，我们不难看到他探寻真理之路历经艰辛，充满雨雾，但同时也体现出在各种思潮相互交错的背景下，青年周恩来对真理的热切渴望，期待一丝阳光击破云雾，照亮光明的前路。

1920 年 11 月，周恩来自上海乘法国邮船"波尔多斯"号赴欧勤工俭学。战后的欧洲，社会矛盾尖锐，共产主义运动日趋高涨，马克思主义的书籍与报刊十分流行，很容易买到。在欧期间，周恩来通过多种途径广泛涉猎、审慎研究了各种先进学说思潮。他如饥似渴地阅读了英文版《共产党宣言》《社会主义从空想到科学的发展》《国家与革命》等经典著作，订阅了法国共产党机关报《人道报》、英国共产党机关报《共产党人》及《共产党人评论》《劳动月刊》等。周恩来还对当时社会上流行的各种社会思潮进行了研究。建立了自己的共产主义信仰。1921 年春，经张申府、刘清扬介绍，周恩来加入中共在巴黎的早期组织，成为中国共产党的创始人之一。

在法国勤工俭学期间，周恩来曾与国家主义的头目曾琦、李璜进行了面对面的斗争。何长工同志曾回忆说：

> 每到星期六下午和星期日，周恩来同志就到巴黎近郊的大学区、工厂勤工俭学学生集中的小咖啡馆演说，揭露国家主义派反人民的真面目。有时，周恩来同志还找曾琦、李璜参加我们召开的会，或者由周恩来同志参加他们召开的会，在会上和曾琦对辩。……他那沉着坚定的姿态，铿锵有力的言辞，使听众鼓掌不绝，曾、李哑口无言。[1]

每次周恩来具有说服力的演讲都会传遍巴黎的比央古尔和蒙达尼尔地区，使国家主义派在华工和勤工俭学学生中完全孤立，原来阅读《醒狮》（国家主义的发行刊物）的人纷纷成为《赤光》[2] 的读者。此外，周恩来还参加了旅欧青年在法国举行的各种反帝爱国运动，主要有：1921 年 2 月，勤工俭学学生在巴黎

---

[1] 转引自林代昭：《马克思主义在中国的传播和周恩来同志》《北京大学学报（哲学社会科学版）》，1978 年，第 2 期。
[2] 1924 年 2 月，《少年》改名为《赤光》。

中国驻法使馆前的请愿示威斗争；同年 6 月至 9 月，中国旅欧华人反对北洋政府和法国政府间秘密借款的斗争；9 月，留法勤工俭学学生占领里昂中法大学的斗争。

旅欧期间，周恩来在改造自身世界观的同时也向他人传播进步思想，撰写了大量文章向国内同胞介绍欧洲的情况。"二·二八"运动爆发后，经过调查研究，周恩来写了长达 2.5 万字的《留法勤工俭学学生之大波澜》，发表在天津的《益世报》；进占里昂中法大学运动失败后，周恩来写了长达 3 万字的《勤工俭学学生在法最后之命运》一文；在英国爆发煤矿工人总罢工后，经考察，周恩来先后撰写了《英国矿工罢工风潮之始末》《英国矿工罢工风潮之波折》等 9 篇通讯，有效推动了进步思潮在国内的传播。

在蔡和森、李立三等被押送回国后，周恩来积极开展组织建设工作，将勤工俭学运动中留下的先进分子聚集起来，与赵世炎、李维汉等商议组建共产主义的组织。1922 年 3 月，周恩来到了德国，但仍坚持往返于德法之间。通过在勤工俭学的学生中演讲，积极推动共产主义组织的筹备工作。最终，1922 年，由旅欧青年组成的名为"旅欧中国少年共产党"的共产主义组织诞生了，后来加入了中国共产主义青年团，于 1923 年 3 月在巴黎郊外召开的临时代表大会上正式更名为"旅欧中国共产主义青年团"，会议还通过了周恩来起草的《旅欧中国共产主义青年团章程》，明确表示信仰共产主义。其机关刊物为《少年》，1924 年 2 月改为《赤光》，周恩来、邓小平等人都曾参与了《赤光》的编写与出版工作。

1922 年 8 月，周恩来在《少年》第 2 期发表了《共产主义与中国》一文，得出了只有共产主义才能救中国的结论。此外，周恩来还在《赤光》发表了 30 多篇文章，主要有《军阀统治下的中国》《列强共管中国的步骤》《革命救国论》等。国共合作后，周恩来参与帮助王京崎①完成了国民党法国支部的筹备工作，被孙中山和国民党总部委任为国民党巴黎通讯处筹备员，后又任国民党驻欧支部特派员。

1924 年 7 月，周恩来和刘伯庄、周子君、罗振声等从法国启程，由海路回国。临行前，旅欧中国共产主义青年团执行委员会对周恩来作了如下评语：

> 为人诚恳温和，活动能力富足，说话动听，作文敏捷，对主义有深刻的研究，故能完全无产阶级化。英文较好，法文、德文亦可以看书看报。本区成立的发启（起）人，他是其中的一个。曾任本区三届执行文员，热心耐苦，成绩卓越。②

邓小平

原名邓先圣，曾用名邓希贤。五岁进入私塾时，先生认为"先圣"一名太过狂妄，遂更名希贤。在父亲邓绍昌的要求下，少年时代的邓小平离开四川广安中学，来到重庆，进入留法勤工俭学预备学校。学习期间，受参与抵制日货运动影响，其爱国救国思想得到了很大提升，但也只是当时学生中较为流行的工业救国思想而已。他去法国主要是想学点本事，还未形成更为深刻的思想。

1920 年 9 月，邓小平随族叔邓绍圣等乘坐法国邮船"盎特莱蓬"号前往法国，于同年 10 月 19 日抵达法国海港马赛。10 月 21 日，邓小平一行人被分到了诺曼底的巴耶男子中学，在此开始

---

① 王京崎：国民党法国筹备组织国民党支部代表。
② 何启刚：《旅欧勤工俭学 —— 马克思主义在中国的传播路径研究》，河北师范大学硕士学位论文，2010 年。

留法勤工俭学时的邓小平

了他为期 5 个月的学习生活。后因生活所迫，无奈离开了巴耶中学，开始在法国做工。1921 年 4 月 2 日，邓小平等人来到克鲁梭的施奈德钢铁厂做轧钢工。终因异常艰苦的工作条件，以及微薄的工资被迫辞职。在这近一个月的工作过程中，邓小平初次接触了法国资本主义社会的残酷与阴暗面，切身体会到了劳工阶级被剥削被压迫的悲惨现实。进占里昂大学运动的爆发，对邓小平及其他大批留法勤工俭学的学生产生了重要影响。自此，他们放弃了对资本主义的幻想，选择了马克思主义的信仰，走向了反帝反封建的革命道路。

1922 年 2 月，邓小平进入蒙达尼哈金森工厂。其间，通过接触革命思想，阅读进步刊物，完成了其世界观的转变。之后在苏联学习过程中，邓小平曾对自己思想的转变作过总结：

　　生活的痛苦，资本家的走狗 —— 工头的辱骂，使我
直接的或间接的受到了很大的影响，对资本主义社会的罪
恶略有感觉，然以生活浪漫之故，不能有个深刻的感悟。
其后，一方面接受了一点关于社会主义尤其是共产主义的
知识，一方面又受了已觉悟的分子的宣传，同时加上切身
已受的痛苦。①

　　在完成思想转变后，邓小平开始行动起来，于 1922 年 6 月加
入了旅欧中国少年共产党，成为一名青年团员。1924 年 7 月的旅
欧中国共产主义青年团第五次代表大会，选举邓小平为执行委员
会委员。根据党的规定，旅欧共产主义青年团执行委员会委员将
自动成为中国共产党旅欧支部的党员。后来邓小平回忆时曾说：

　　我在法国的五年零两个月期间，前后做工约四年（其
余一年左右在党团机关工作）。从自己的劳动生活中，在先
进同学的影响和帮助下，在法国工人运动的影响下，我的
思想也开始变化，开始接触一些马克思主义的书籍，参加
一些中国人和法国人的宣传共产主义的集会，有了参加革
命组织的要求和愿望，终于在一九二二年夏季被吸收为中
国共产主义青年团的成员。我的入团介绍人是萧朴生、汪
泽楷两人。②

---

① 何启刚：《旅欧勤工俭学 —— 马克思主义在中国的传播路径研究》，河北师范大学硕士学
　　位论文，2010 年。
② 何启刚：《旅欧勤工俭学 —— 马克思主义在中国的传播路径研究》，河北师范大学硕士学
　　位论文，2010 年。

邓小平在法期间参与编印《赤光》，宣传共产主义

版工作，主要负责刻蜡板。在《少年》更名为《赤光》后，邓小平借助"希贤"这一本名及其他一些化名在《赤光》上发表了一些文章。如《少年》第 18 期中的《请看反革命的青年党之大肆捏造》、第 21 和 22 合刊中的《请看国际帝国主义之阴谋》等。在法国时，邓小平阅读了许多进步书籍。法国警察在搜查邓小平住的旅馆时，发现了大量法文和中文的宣传共产主义的小册子和报纸，如《中国工人》《共产主义 ABC》、莫斯科出版的中国共产主义报纸《进步报》等。

聂荣臻

聂荣臻于 1899 年 12 月 29 日
出生于四川省江津县吴滩镇。正值
学龄的聂荣臻，处于辛亥革命的酝
酿期。社会政治动荡，思想空前活
跃，这一社会背景对聂荣臻产生了
重要影响。在外祖父家读私塾期
间，受其在重庆法政学校读书的三
舅唐富华影响，接触了许多进步思
想。1917 年，聂荣臻考入了注重灌
输西方近代文化思想和科学知识的
江津中学，使得他在课余时间阅读

聂荣臻

了诸多进步书籍，如达尔文的《物种起源》、赫胥黎的《天演论》
等。十月革命后，聂荣臻还阅读了《新青年》等进步书刊。

1919 年 10 月，聂荣臻决定赴法勤工俭学。在其舅父等人
的帮助下，筹借了经费，办理了护照和签证。12 月 9 日，聂荣臻
一行 100 多人，从上海乘坐法国"司芬克司号"油轮前往法国。
于 1920 年 1 月 14 日达到马赛，两天后达到巴黎，被华法教育会
分配到蒙塔尔纪中学补习法文。但因该校中国学生太多，又转
到法国北方城市德洛。旅欧期间，聂荣臻先后参加了"二八运
动""拒款运动"和进占里昂中法大学的斗争。

1921 年 10 月，聂荣臻离开法国前往比利时，于次年 6 月考入
沙洛瓦劳动大学。就读期间，他阅读了《共产党宣言》《共产主义
运动中的"左派"幼稚病》《国家与革命》《共产主义 ABC》等书
籍。经过不断学习，聂荣臻改变了最初赴法时"实业救国"的观
念，认为"要想拯救国家民族的危亡，使四万万同胞都能有衣有

食，只有建立劳工专政，实行社会主义"。① 后来聂荣臻回忆道：

> 一九二〇年一月到一九二四年九月，我在法国和比利时勤工俭学四年零九个月。这一段的生活，在我头脑里的烙印很深，因为这在我一生经历中，是完成世界观的根本转变，真正走上革命道路的起步时期。②

旅欧少年共产党成立不久，经刘伯坚和熊味耕介绍，聂荣臻加入了旅欧中国少年共产党，标志着其思想转变的完成和马克思主义世界观的确立。1923 年春，经赵世炎、刘伯坚介绍，加入了中国共产党。

1923 年 7 月，聂荣臻从比利时回到巴黎，任旅欧共产主义青年团训练部副主任，利用节假日和业余时间向团员宣传马克思列宁主义。在巴黎召开的团的临时代表大会上，决定内部出版《共产主义研究会通信集》。此外，他还积极对抗无政府主义派、国家主义派、国民党右派等反马克思主义思潮，扩大了马克思列宁主义在勤工俭学学生中的影响。

蔡和森

1895 年 3 月 30 日，蔡和森出生于一个小官员家庭。父亲蔡蓉峰，在上海江南机器制造总局任职。母亲葛健豪，是一位家庭妇女，思想较为进步，后随蔡和森、蔡畅赴法。

1913 年秋，蔡和森考入湖南省立第一师范学校，更名为蔡林彬。1914 年 3 月，省立第四师范学校并入第一师范学校，在此蔡

---

① 何启刚：《旅欧勤工俭学 —— 马克思主义在中国的传播路径研究》，河北师范大学硕士学位论文，2010 年。
② 何启刚：《旅欧勤工俭学 —— 马克思主义在中国的传播路径研究》，河北师范大学硕士学位论文，2010 年。

和森结识了毛泽东。1915 年秋，考入湖南高等师范学校，经常阅读杨昌济先生为他和毛泽东订阅的《新青年》。

蔡和森

1918 年 4 月 14 日，毛泽东、蔡和森、何叔衡等发起成立了新民学会，其会员主要有两支：一是以毛泽东为代表的国内会员；二是以蔡和森为代表的旅欧会员。赴欧勤工俭学之前，蔡和森先后与毛泽东等人发起了留法勤工俭学运动，并前往北京筹办赴法勤工俭学事宜，积极为增加湖南赴法勤工俭学名额奔走，是著名的留法勤工俭学学生领袖。

1919 年 12 月 25 日，蔡和森及母亲葛健豪、蔡畅、向警予等 30 余人，从上海乘法国邮船"盎特莱蓬"号前往法国，于次年 1 月 30 号到达马赛，3 日后到达巴黎。而后来到蒙达尼，进入蒙达尼公学学习。由于法文基础差，蔡和森决定"开首一年不活动，专把法文弄清"，同时"把各国社会党各国工团以及国际共产党，尽先弄个明白"。[1] 早在赴欧勤工俭学之前，蔡和森就已接触和研究马克思主义。在旅欧新民学会会员中，他是较早接受马克思主义的。

留法期间，蔡和森更是刻苦学习，先后阅读了约百种法文版小册子，研究了各国社会主义学说和俄国革命的情况，认为中国只有走俄国式革命道路，才能最终获得独立和解放。蔡畅在回忆留法勤工俭学运动时，提到蔡和森认真阅读马列著作的情况：

---

① 刘宏：《留法勤工俭学运动对引进马克思主义的贡献》，《河北月刊》2001 年第 6 期。

"蔡和森在法国时，很用功。看《人道报》时，一个字一个字查字典，再看小册子，然后再看原著。"①

1920 年 7 月 6 日召开的新民学会蒙达尼会议上，蔡和森"主张组织共产党，使无产阶级专政，其主旨与方法多倾向于现代之俄"。根据会议决定，由蔡和森负责阅读《人道报》《共产党》月刊、《俄事评论》等小册子。在蔡和森给毛泽东的信中，他多次提及建立无产阶级政党的重要性。8 月，蔡和森在给毛泽东的信中写道：

> 我近对各种主义综合审缔，觉社会主义真为改造现世界对症之方，中国也不能外此。社会必要之方法：阶级战争 —— 无产阶级专政。②
>
> 我以为先要组织党 —— 共产党。因为他是革命运动的发起者、宣传者、先锋队、作战部。以中国现在的情形看来，须先组织他，然后工团、合作社，才能发生有力的组织。革命运动，劳动运动，才有神经中枢。③

毛泽东在给蔡和森的回信中表示，赞成马克思式的革命，实行无产阶级专政，组建共产党。中国共产党成立后，新民学会逐渐停止了活动。

旅欧期间，蔡和森积极促进了以部分旅欧新民学会会员为核心的、旅欧勤工俭学学生中最早的具有社会主义性质的青年团体 ——工学世界社的成立。虽然蔡和森不是工学世界社的成

---

① 刘宏：《留法勤工俭学运动对引进马克思主义的贡献》，《河北月刊》2001 年第 6 期。
② 何启刚：《旅欧勤工俭学 —— 马克思主义在中国的传播路径研究》，河北师范大学硕士学位论文，2010 年。
③ 何启刚：《旅欧勤工俭学 —— 马克思主义在中国的传播路径研究》，河北师范大学硕士学位论文，2010 年。

员，但对其发展给予了极大的支持和鼓励。后来，在蔡和森和赵世炎的共同努力下，工学世界社和赵世炎等人创立的劳动学会在主张上逐渐趋于一致，为共产主义组织的产生奠定了基础。

此外，蔡和森还参与了社会主义青年团的创建工作、领导了"二·二八运动""拒款运动"和进占中法里昂大学运动。后因进占中法里昂大学运动失败，于 1921 年 10 月被强制遣送回国。

向警予

1895 年 9 月 4 日，向警予出生于湖南溆浦县商会会长之家，是蔡和森妹妹蔡畅在周南女校的学友，溆浦女校创办人。1919 年 7 月，在蔡畅邀请下，向警予来到长沙，同蔡畅、陶毅等一起发起了湖南女子勤工俭学运动。向警予等负责拟定了湖南女子留法勤工俭学会简章，提出"以赴法勤工俭学将来回国振兴实业教育为鹄"，简章被分发至全省各女校，有效推动了湖南女子留法勤工俭学运动。1919 年 12 月 25 日，向警予同蔡和森、葛健豪、蔡畅等 30 多个湖南人远渡重洋赴法勤工俭学，寻求救国救民之道。

向警予

对向警予而言，赴法勤工俭学最困难的是听不懂法语，看不懂法文。为了学习好法语，向警予每天从早到晚苦练，耐心查找字典，一字一句翻译，持之以恒地刻苦学习，不懂就问，直到掌握为止。历经几个月孜孜不倦地努力，向警予已经能够读懂法文版的有关马克思、恩格斯的著作了。在研读马克思主义原著的同时，向警予还阅读了《妇女声》《女权报》等报刊，以及其他一些与妇女运动有关的小册子。最终受俄国十月革命胜利的影响、法国大革命文化氛围的熏陶及与法国工人阶级交流的体验，向警予确立了其共产主义信念，成为一名坚定的共产主义战士。

1920 年 5 月，向警予和蔡和森在法国蒙达尼结婚。结婚照上，向警予和蔡和森肩并肩地坐着，共同捧着一本打开了的《资本论》，充分表明了二人的结合是建立在马克思主义的共同信仰基础上。在思想上与实践中，向警予都是蔡和森的得力助手。萧子升曾回忆说："蔡和森欠缺演说才能，但是他能很好地表达于文章上。"而向警予则"作文和书法是非常杰出的，并有天赋的演说才能"。①

赴法勤工俭学期间，向警予积极参加工学世界社的活动，在她的大力推动下，工学世界社与新民学会两个组织的思想更加趋于一致。向警予还与其他革命知识分子组织参加了一系列学生活动，其中包括 400 多名勤工俭学学生在巴黎示威游行时，她带领几个女同学走在队伍最前列的"二·二八运动"；组织领导了开放海外大学女子请愿活动；与蔡和森和周恩来等人组织的"拒款运动"；占领里昂中法大学斗争中，与李维汉等 10 人负责联络和争取声援以及积极营救被捕学生。

在法国，勤工俭学学生几乎与国内同时组织成立了中国共产党，其党的创始人中有周恩来、李立三和向警予。而向警予则是其中唯一的一个女创始人。② 此外，向警予还创造性地运用马克思主义理论，研究和分析了中国妇女解放运动的意义、目的和方法等，开启了中国妇女解放运动的新纪元。以实际行动组织了系列团体，如"研究与宣传机关""婚姻自决的同盟""女子教育

---

① 戴安林、田玉光：《论向警予赴法勤工俭学期间为党的创建所做的贡献》，《湘潮》，2015 年，第 10 期。
② 戴安林、田玉光：《论向警予赴法勤工俭学期间为党的创建所做的贡献》，《湘潮》，2015 年，第 10 期。

经费借贷银行"等，用团体的力量使女性从家庭的压迫中解放出来。

赵世炎

　　1901 年 4 月 13 日，赵世炎出生于四川省酉阳县龙潭镇的一个地主家庭。1920 年 5 月，赵世炎与萧三、欧阳泽等 120 多名学生从上海乘法国"阿芒贝尼克号"船前往法国。航行中，负责管理舱内学生的自治生活，"直把一团愁闷的空气变为十分兴趣了"。[①] 6 月底到达巴黎。不久来到巴黎西郊工业区赛克鲁的一家铁工厂做工，后又转入另一家铁工厂。做工期间，他每天坚持学习三小时，主要阅读的是法文版《资本论》以及法共中央出版的《人道报》。

赵世炎

　　此外，他还充分利用业余时间，积极为国内的《少年》半月刊组织稿件，主张在《少年》刊物上专出"勤工俭学研究号"。赵世炎的理论水平很高，在《少年》上"写文章不要打稿，是直接刻到蜡板上，刻好就印"。[②] 后来，因战后法国经济影响被迫离开工厂。在法国工厂工作的经历，使他看到了现实中的法国同中国一样充满了黑暗，并不如在国内时想象的那般美好。

---

① 崔春雪：《〈少年〉与马克思主义在中国的传播》，清华大学硕士学位论文，2012 年。
② 崔春雪：《〈少年〉与马克思主义在中国的传播》，清华大学硕士学位论文，2012 年。

旅欧期间，赵世炎主要投身于以下三方面的工作：

一是与各种非马克思主义理论进行斗争。例如，反对无政府主义。当时国内正在开展反对无政府主义的斗争，对此，赵世炎表示，在当时的中国实行无政府主义是不可能实现的，认为在中国进行革命，必须走俄国的道路，必须进行无产阶级革命，实行无产阶级专政。

二是注重加强组织建设。1921年初，赵世炎与李立三、刘伯坚等人在巴黎创建了"劳动学会"，之后也曾尝试建立共产主义性质的团体。赵世炎和李立三曾打算将"劳动学会"改为"共产主义同盟会"，使之成为共产主义性质的青年团体。但由于当时一部分会员还未真正理解并接受马克思主义，故未能实施。后来，将基本赞同"劳动学会"宗旨的勤工俭学学生组织起来，成立了勤工俭学学会，使之成为旅欧华人中又一具有社会主义性质的青年团体。1922年9月至10月，经胡志明（当时名为阮爱国）介绍，赵世炎与王若飞等人加入了法国共产党，被编入法共意大利广场工人区的党支部，参加党组织生活。作为旅法代表，赵世炎、李维汉、王若飞等人参与了旅欧中国少年共产党[①]的成立，赵世炎任法国组书记。1923年更名后被继续选举为书记。1924年3月，接中央指示，赵世炎、王若飞等从巴黎出发，前往莫斯科做进一步学习，由周恩来接替工作。

三是十分重视对华工的教育。为了更好地对华工进行教育，赵世炎和李立三将分散的华工组织起来，发起并组织了华工组合书记部，设立了"消费合作社""工余读书会"等组织，主办了《华工周刊》用以组织和动员广大华工。在"五一"等特殊节日，他还会组织勤工俭学学生到华工中去演讲，以提高华工的思想觉

---

① 1923年3月，正式更名为旅欧中国共产主义青年团。

悟。在实践过程中，有效促进了马克思主义与工人运动的结合，
许多华工的思想发生了转变，如马志远、陈彭年等华工先后加入
了中国共产党。

苏俄渠道

十月革命作为社会主义的第一次成功尝试，给予了很多共产党人信心，中国的先进知识分子也因此对于这种社会主义心驰神往，纷纷选择赴俄留学，去系统学习俄国的成功革命经验和马克思主义思想，而这些留学生在回国后对于马克思主义理论的宣传起到了重大的作用，成为马克思主义在中国早期传播的俄国途径的主要中介。正如毛泽东主席在《论人民民主专政》中说到的，十月革命一声炮响，给中国送来了马克思列宁主义。

十月革命的胜利让中国的先进分子看到了马克思主义的力量，在十月革命和五四运动之后，苏俄途径也成为马克思列宁主义传入中国的重要途径，也被称为"东方路线"，对中国产生的影响是最为直接和巨大的。

瞿秋白

1899 年，瞿秋白生于江苏常州。祖上曾是士官望族，但瞿秋白出生后不久，家道逐渐中落。尽管物质条件贫瘠，但瞿秋白自小喜爱文学，学习刻苦，具有扎实的国学基础。在他 17 岁那年，母亲因极度贫困的生存条件而自杀，使瞿秋白的生活条件更加恶化。青年时期的瞿秋白在饱受丧母之痛，面临生活窘境的同时，不断对一系列的社会问题、国家问题产生深深思考。母亲去世后，瞿秋白投奔堂兄，并随堂兄一家移居北京。

1917 年 9 月，瞿秋白进入俄文专修馆学习。同年 11 月爆发的俄国十月革命，进一步触发了瞿秋白对中国发展道路的思索。1919 年，瞿秋白参加了五四运动，加入到反帝反封建的斗争中。

受到五四运动的洗礼，瞿秋白与郑振铎、耿济之等人创办《新社会》旬刊，抨击旧思想、旧制度，唤醒人民改造社会的意识。1920 年 3 月，瞿秋白还加入李大钊发起并建立的马克思主义研究会。瞿秋白在理论学习和革命实践的道路中，逐渐拨开了当时中国思想界各种思想潮流纵横交错的迷雾，向社会主义和马克思主义不断靠拢。

瞿秋白

十月革命爆发之后，许多中国先进的知识青年都希望能够到苏俄感受社会主义的力量，学习马克思主义和苏俄的新政。机会总是留给有准备的人。1920 年秋，北京《晨报》和上海《时事新报》决定派出一批驻外记者，派驻英、美、法、德、俄等国开展工作。瞿秋白因其俄语优势受到推荐，被北京《晨报》和上海《时事新报》聘请为特约通讯员到莫斯科去采访。

1921 年 6 月 22 日，共产国际第三次代表大会在莫斯科大剧院召开。开幕后，共产国际代表大会在克里姆林宫安德莱厅进行。7 月 6 日，在休会期间，瞿秋白在走廊上第一次遇到列宁，并进行了简短地交流，列宁亲切地指给瞿秋白几篇关于东方问题的材料。在四个月之后的 11 月 7 日，俄国十月革命四周年之际，瞿秋白在莫斯科第三电力劳工工厂参加工人的纪念大会，再次见到列宁，聆听了他的演讲，同时也感受到俄国工人对列宁的爱戴。

1921 年，东方劳动者共产主义大学（简称东方大学）经扩编后，成为面向全世界招收党政干部的国际性学校。东方大学一开办就设立了中国班，招收的第一批学员就是维经斯基在上海创办的外国语学社的学员，包括刘少奇、罗亦农、彭述之、任弱时、柯庆施、王一飞、萧劲光等。瞿秋白讲授俄文、唯物辩证法等课程，并担任教学翻译。他真诚而热情，富有才华，学识广博，受到了学生的尊重和欢迎。这批共产党的干部中，刘少奇、任弼时、罗亦农等后来成为中国革命和建设时期重要领导人，曹靖华、蒋光慈等人后来成为著名的文学家和翻译家。

瞿秋白到俄国之后，通过学习马克思主义理论和对俄国实际的考察，逐渐接受了马克思主义的世界观，确立了共产主义信仰，并在1921年5月经张太雷介绍，加入俄共（布）党组织。因为语言优势，再加之熟悉共产国际方面的事务，瞿秋白多次作为代表兼翻译参加共产国际组织的会议，成为中共党史上较早的研究和宣传共产国际的人。

早在瞿秋白踏上赴莫斯科的路上，由于苏联红军正与谢苗诺夫的匪军打仗，通往俄国的道路暂时中断，瞿秋白等人在哈尔滨滞留了50多天。1920年11月7日正值俄国十月革命三周年，瞿秋白与其他两位中国记者参加了俄侨组织哈尔滨工党联合会举行的庆祝会。在这场庆祝会中，瞿秋白第一次听到作为新俄代国歌和共产国际党歌的《国际歌》，《国际歌》曲调深沉而又雄壮，瞿秋白被深深地震撼了。此后，《国际歌》伴随瞿秋白经历了他在苏联的700多个日夜。

1922年底，赴苏联参加共产国际四大的陈独秀邀请瞿秋白回国工作。瞿秋白回国不久后，便担任了党的理论刊物《新青年》季刊的主编，明确指出办刊宗旨是"研究中国的现实的政治经济状况"，以"求得解决社会问题的方法"。他在1923年6月15日发行的《新青年》季刊创刊号——"共产国际号"上发表了他译自法文的《国际歌》歌词，并配以简谱，成为我国最早可供唱颂的《国际歌》版本。"英特纳雄耐尔"一词的音译就出于瞿秋白译本的《国际歌》。

瞿秋白在1923年回到中国，全身心地投入马克思主义理论的研究和传播工作中，撰写了大量著作，并且通过创办党中央刊物和编辑文集翻译了大量的马克思、恩格斯和列宁、斯大林等人的著作，包括《德国之革命与反革命》《反杜林论》《费尔巴哈论》《两个策略》《怎么办》等，并且为了能够使马克思主义更容易被人理解，在翻译过程中瞿秋白做了一定的改译和注解。

　　针对当时由于很多学者对于马克思主义只是具有初步的了解，对马克思主义的哲学体系缺乏认识，国内也缺少相关的文章的状况，瞿秋白因为前期曾经系统学习过马克思主义理论，所以撰写了大量有关马克思主义理论的文章，尤其是对辩证法做出了大量的解释，为辩证唯物主义的传播做出了很大的贡献，并且首次将唯物主义和辩证法结合在一起进行宣传，为早期马克思主义理论的传播奠定了基础。为了能使马克思主义思想被大众理解，瞿秋白还撰写了一些通俗易懂的教材来简明地介绍马克思列宁主义。

　　1935 年 6 月 18 日，度过 48 天狱中生活的瞿秋白，被国民党决定实施枪决。10 时许，瞿秋白离开凉亭，高唱鼓舞他战斗一生的《国际歌》走出长汀西门，饮弹就义，为革命献出了年仅 36 岁的鲜活生命。

东方大学中国班

　　1921 年，莫斯科开创了东方大学，并设立中国班。在共产国际的支持下，中国的一批先进的知识分子前往东方大学学习，其中包括罗亦农、刘少奇、王一飞、任弼时、萧劲光、彭述之、任作民、俞秀松、柯庆施、胡士廉、许之祯、汪寿华等共计三四十人。这些留学生在经过

刘少奇（1924年）

学习之后很多人都成为坚定的马克思主义者。由于在俄国接受了系统的学习，具备了马克思主义思想的专业素养，所以在回国之后，很多人都投入到马克思主义著作的编著和传播中，翻译了大量的马克思主义文献，并通过各种方式传播马克思主义。

例如，罗亦农组织东方大学中国班部分学员翻译了布哈林的《共产主义 ABC》等理论著作，王一飞翻译了《共产国际党纲草案》《新社会观》，并与瞿秋白合译了《政治经济学浅说》，梁柏台翻译了《联共党纲和党章》《列宁主义入门》及一些有关工会工作的论著等。这一批留学生成为俄国途径中的主要中介，填补了马克思主义列宁主义著作中译版的空缺，并且这些留学生将俄国的实践与中国的实践相结合，通过撰写文章向公众宣扬了社会主义。

除了这些回国的留学生对马克思主义思想的宣传之外，共产国际也在理论和实践上给予中国共产主义事业以帮助。1920 年3 月，由列宁领导的共产国际就派遣维经斯基为代表来到中国，维经斯基撰写了一些文章并在各地举办讲座，向中国人民尤其是当时的先进分子，介绍了通过十月革命而产生的世界上第一个社会主义国家，使他们能够从俄国的实践经验有所收获，并直接从俄国接受马克思列宁主义。

正是因为留学生的回国以及国际共产主义的帮助，自1920 年之后，马克思主义在中国的传播更加广泛。1920 年9 月1 口的8 卷1 号起，《新青年》被改组为公开宣传马克思列宁主义的刊物，开辟了"俄罗斯研究"专栏，宣传俄国十月革命和列宁主义，许多马克思主义者在其中发表文章，宣传马克思列宁主义，《新青年》也成为当时先进知识分子了解马克思主义思想的一大平台。同年11 月创办了《共产党》月刊，作为集中宣传建党主张的秘密刊物，其中刊登了列宁、共产国际，以及包括俄国在内的十几个国家共产党的文件、材料、消息等近90 篇。

　　早期马克思主义思想的传播还只是对于知识简单的介绍，可是随着俄国十月革命的成功，从实践上证实了马克思主义思想的可行性，马克思主义给人们带来了信心，这也使得马克思主义思想能够通过苏俄渠道的广泛、深入影响，以较快的速度在中国国内传播开来，让更多的知识分子看到了马克思主义的力量，从而成为坚定的马克思主义思想的信仰者。①

----

① 冯利花：《马克思主义在中国早期传播渠道的研究综述》，湖北经济学院学报（人文社会科学版）2011 年第 8 期，第 16~17 页。

mmune de Paris」，遂成通行的革命歌，各國都有譯本，而歌時則聲調相同，異是

「異語同聲」，——世界大同的兆象。

詩曲本不必直譯，也不宜直譯，所以中文譯本亦是意譯，要采在有聲節間調能高
唱○可惜譯者不是音樂家，或有許多錯誤，煩正譯者的誤點，——令中國受壓迫的勞動平民，也能
唱○但願內行的新音樂家，矯正譯者的誤點，——令中國受壓迫的勞動平民，也能
和世界的無產階級得以「同聲相應」○。再則法文原稿，本有六節，然各國通行歌唱
的祇有三節，中國譯文亦暫限於此。

國際歌

※

起來，受人污辱咒罵的！
起來，天下飢寒的奴隸！
滿腔熱血沸騰，
拚死一戰決矣。
舊社會破壞得澈底，
新社會創造得光華。
莫道我們一錢不值，
從今要普有天下。
這是我們的

七

196

新青年（季刊）　第一期　六

總量宣當於中國社會。

新青年曾爲中國異革命思想的先驅，

新青年今更爲中國無產階級革命的羅針。

※

新青年既爲中國社會思想的先驅，如今更切實於社會的研究，以求智識上的武器，助平民勞動界實際運動之進行。而現代最先進的社會科學派別，最與實際的世界革命運動有密切關係的，就是共產國際。所以新青年新整頓之時，特以此『共產國際號』爲其第一期。

※

國際歌 譜見本期末頁

『國際』一字——歐洲文寫"Internationa l"歌時各國之音相同，華譯亦當譯音，故歌詞中凡遇『國際』均譯作『英德納雄納爾』。

此歌自一八七〇年後巴成一切社會黨的黨歌，如今差儗俄國採之爲『國歌』了將來且成世界共產社會之開幕樂呢。歐美各派社會黨，以及共產國際無不唱此歌，——大家都要爭着爲社會革命歌頌。

此歌原本是法文，——法革命詩人柏爾埃(Potchier)所作，至『巴黎公社』時，(la Co

瞿秋白翻译的《国际歌》，发表在《新青年》季刊第1期

第四章　中国共产党的创建

最早酝酿在中国建立共产党的是陈独秀和李大钊。

五四运动后，马克思主义在中国广泛传播，并且日益同工人运动相结合，这一过程也就是酝酿、准备到建立中国共产党的过程。

中国共产党第一次全国代表大会宣告中国共产党正式成立。从此，在古老落后的中国出现了完全新式的，以马克思列宁主义为行动指南的，以实现社会主义和共产主义为奋斗目标的统一的无产阶级政党。这是中国历史上开天辟地的大事件。

上海的共产党早期组织

1919 年，在五四运动中散发反对北洋军阀政府传单的陈独秀被捕，虽经历各方营救出狱，但依然处于随时监察行动受限的状态，变相的软禁使陈独秀萌生了离京的想法。恰在 1920 年 1 月，当时的广东军政府想要筹办西南大学，负责这件事的汪精卫和章士钊等人非常仰慕学界名人陈独秀的声望，便邀请他到上海商谈共同办学。

欣然前往的陈独秀秘密出京南下，在上海与汪精卫等人会面。之后，他又受邀前往武汉等地讲演，勇敢地呼吁消灭私有产，进行社会改造。在当时，国内各地的报纸都对陈独秀"大逆不道"的言论摘要刊登，这点燃了知识分子的热情，却也惹恼了军阀政府。受湖北政府驱赶，陈独秀坐上返京的列车，却不知等待他的，仍然是北洋政府的迫害。

看到报纸上陈独秀讲演的消息，北洋政府才知道陈独秀已经秘密回京。于是，警察们紧急出动，蹲守在陈独秀北京的寓所附近，准备再一次逮捕这个"反动"的文人。

李大钊等人得到消息后，及时派人到了北京火车站，抢在北洋警察发觉之前秘密接到了陈独秀，又设法躲过盘查成功送其南下。

1920 年 2 月中旬，时值年关，北京一带的生意人大多在这个时候往全国各地收账，李大钊巧妙地利用了这一点，与陈独秀化装成收账的商人，雇一辆骡车，晃晃悠悠地赶往李大钊的老家河北乐亭。之后，陈独秀又经由天津南下上海。而在出逃途中，这两位已经颇有斗争经验的学者商定，要在中国建立共产党组织。

暂时落脚上海的陈独秀踌躇满志，打算去广州筹办西南大

《新青年》第7卷第6号《劳动节纪念号》专刊共发表28篇文章，其中大部分反映了北京、天津、长沙、南京等地工人的状况

学。北京的斗争经历给了他更多的感悟和教训，北方的文化运动虽然开展得轰轰烈烈，但是仅仅以学界为先驱，后发力量不足，普通民众并未觉醒，而北洋军阀的压迫日益激烈，这样的运动力量太过薄弱。

但是当时广东的政局也并不稳定，军政府仍处于桂系军阀统治之下，孙中山也常住在上海，汪精卫等人决定将西南大学设立在上海的租界里，而这一方案令陈独秀极为不满，发出了难道不信赖中国政府，就必须要依赖外人的诘问。而最终，西南大学的计划也成了镜花水月。

1920 年 4 月，未能继续南下广州的陈独秀迁至上海法租界环龙路老渔阳里 2 号（今南昌路 100 弄 2 号），这是一个诞生奇迹的地方。它是陈独秀的寓所，是《新青年》上海编辑部的所在地，也是中国第一个共产党组织的诞生地。如今的南昌路，华盖相交，透过层层的林荫，仿佛还能看到那个从风潮涌动中发起，跌跌撞撞一往无前的红色身影。

每一个历史角色背后都承载了理所当然的因果关系，上海被选择为组建第一个共产党组织的城市，拥有相当的经济条件、阶级基础以及文化基础。近代以来，上海的经济迅速发展，是名副其实的多功能经济中心。1919 年时，上海的工人数量已达到 52 万以上，约占上海市人口总数的 1/4，约占全国人口总数的 1/6，这使上海成为当时中国工人最集中的地区，也使工人们迅速成长为一个社会阶级 ——工人阶级或无产阶级。

当时的上海还聚集了大量的进步人士，陈独秀经常与一批接受马克思主义理论、具有共产主义思想的知识分子组织集会讨论，宣讲马克思主义，并创办了马克思主义研究会。研究会的主要发起者是陈独秀、李达、李汉俊、陈望道等，他们的主要活动，就是翻译和宣传马克思主义，扩大在中国建党的思想基础和阶级基础。后来据陈望道回忆：在研究会的后期，成员总共不到 10 人。而这不到 10 人，就是中国最早的共产党组织的最初成员。

理论的奠基加上革命信念的支撑，其间还有共产国际的经验催化，陈独秀和共产主义者们加快了建党的步伐。1920 年 6 月，陈独秀、李汉俊、俞秀松、施存统、陈公培等在老渔阳里 2 号开会，决定成立党组织，选举陈独秀为临时书记，组织初步命名为社会共产党。关于这个称呼，陈独秀等人当时也并不很确定，据张申府回忆，为了确定党的名称，陈独秀曾专门写信询问他和李大钊，最后是李大钊决定，根据共产国际的意见就叫共产党。

1920 年 8 月，还是在上海法租界老渔阳里 2 号的《新青年》编辑部，"中国共产党"正式成立了，从最初的马克思主义研究会起步，有人因为政治倾向不一而退出，剩下的，是 8 位共产党组织发起人：陈独秀、李汉俊、沈玄庐、陈望道、俞秀松、施存统、李达、杨明斋。陈独秀被正式推举为书记。根据相关亲历者的回忆，我们可以知道党在最初成立之时只确定了简单纲领和行动方向，就是"劳工专政，生产合作"。同年 11 月，党组织又进一步起草了《中国共产党宣言》，提出要积极向工人阶级宣传马克思主义思想，依靠工农群众进行无产阶级革命，大力拓展

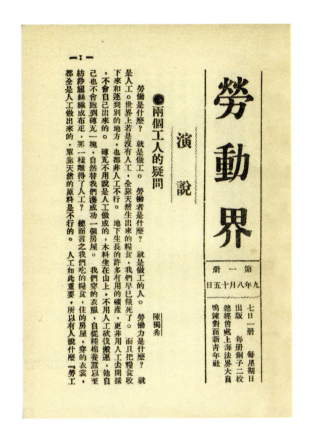

革命阵地，建立无产阶级专政。①

　　在最初对社会宣传马克思主义、筹办共产党之时，陈独秀等人就认识到马克思主义著作中译本的匮乏。因此，在建党之初，上海的共产党组织就印制出版了多部马克思主义经典著作和研究专著的译制本，包括陈望道翻译的《共产党宣言》、李汉俊翻译的《马格斯资本论入门》、李季翻译的《社会主义史》等，这些著作对于当时的共产党员以及迷茫的知识分子、踌躇的先进

---

① 上海共产党组织的主要成员有：陈独秀、俞秀松、李汉俊、陈公培、陈望道、沈玄庐、杨明斋、施存统、李达、邵力子、沈雁冰、林祖涵、李启汉、袁振英、李中、沈泽民、周佛海。

青年起了极大的引导作用。

新文化运动之后，上海作为传播社会主义新思想的中心地，多年来一直为进步青年所向往，反抗封建、引导社会新思潮的陈独秀、邵力子等人也吸引着众多青年知识分子。为引导帮助这些寻求真理的青年一代，并指引他们走上革命道路，上海共产党组织在 1920 年 8 月还创立了社会主义青年团，党的发起成员中最年轻的俞秀松被指派担任团书记。又在 9 月开办了党的第一所学校 —— 外国语学社，[①] 这样一来可以掩护上海社会主义青年团的活动，更是可以培养和输送革命青年到俄国深造学习。因此，在社会主义青年团成立的早期，其与外国语学社的活动密不可分。

青年学生们一面在学社学习语言和政治理论，一面在党、团的领导组织下参加工人运动和社会活动，比如帮助华俄通讯社做收发、校对工作，开展纪念三八妇女节庆祝活动等等。信仰的力量有时是无法估量的，学生们的生活大多艰苦，但是他们中的很多人都对中国革命做出了突出贡献。

建党之后，全新改版的《新青年》成为党组织宣传共产主义的正式刊物。另外，为打造中国专门的劳动阶级的言论报，启发工人们的觉悟，陈独秀、李汉俊等发起人另外创立了《劳动界》，呼吁工人投稿。又创办《上海伙友》，呼吁商店的伙友们与所有的劳动阶级一起组成联合团体。

1920 年 11 月，上海共产党组织还创办了《共产党》月刊，陈独秀在发刊词上旗帜鲜明提出了"用阶级的手段，打倒一切资本主义"的号召。

---

① 当时外国语学社的学员有：刘少奇、任弼时、任作民、萧劲光、李启汉、李中、谢文锦、庄文恭、许之桢、梁柏台、曹靖华、韦素园、吴芳、周兆秋、胡士廉、陈启沃、傅大庆、罗亦农、王一飞、柯庆施。其中，刘少奇、任弼时等30余人曾分两批赴俄深造学习。

北京的共产党早期组织

李大钊作为中国最早扛起马克思主义旗帜的知识分子，早在五四运动之前，就与北大教授高一涵等人组织了中国最早的马克思主义研究团体，当时为了避免追查，他们给团体定名为"马尔格时学说研究会"，表面是研究人口论的组织，而实际上，成员们已经开始研究和宣讲马克思主义。

1920 年，在李大钊护送陈独秀南下的途中，两人已经就建党的路线进行了初步的规划。李大钊已经有了马尔格时研究会的组织经验，因此，在这之后，两人相继组建了马克思主义研究会，通过研究会吸纳志同道合的知识分子组成建党的中坚力量，然后以这些中坚力量为基础成功建党。而其他地方党组织的建立，也基本遵循了这一框架。

李大钊在天津送离陈独秀之后，并没有立刻返京，而是秘密与俄籍教授、俄共（布）党员鲍立维会见，对中国的革命形势做了细致讨论。之后，又经过多次的酝酿和讨论，在 1920 年 3 月李大钊与邓中夏、高君宇等人组建了北京大学的"马克思主义学说研究会"。研究会的活动场所是蔡元培校长提供的两间屋子，一间办公室，一间图书室，他们为图书室取名为"亢慕义斋"，意为"共产主义"。

因为当时北京的形势艰难，社会上对于马克思主义的态度很不友好，研究会并未公开登报，而是处于秘密行动的状态。大家只是松散地以集会形式，对马克思主义、列宁主义和十月革命进行研究，并且秘密地进行一些工人运动实践。这样的组织形式加深了成员们对马克思主义的认识，不少人在慢慢地坚定对马克思主义的信仰的同时，认为不能单纯地只以学院式的态度来研究马克思主义，而要将之作为一种终生的事业来继承和坚持，这些人就是后来北京的共产党早期组织的最初成员。

1920 年 8 月，李大钊等人由于上海建党工作的成功，加快了与陈独秀的联系与沟通。10 月，李大钊的办公室里成立了北京共产党小组，这个小组的发起人当时有三人：李大钊、张申府和张国焘。

1920 年 11 月，张申府带着在西欧留学生中开展党的活动的任务，去了法国里昂大学教书。李大钊和张国焘两人则在北京大学内部积极发展党员并开展活动，而活动的经费，是李大钊每月捐出的 80 元薪俸。

但是，当时的北京共产党小组内部，或者说在全国范围内，各种新思潮涌动，社会主义的流派中不仅仅有马克思主义，还有各种无政府主义，他们主张自由联合，并不赞成组织性和纪律性，这种理念虽然有吸引力，但在当时的境况下，是很难进行革命并取得突破的。经过争论和调整，一批成员与共产党小组分道扬镳，同时又有社会主义青年团的骨干邓中夏、高君宇等人加入组织，成长为北京的共产党早期组织的中坚力量。

1920 年底，北京的共产党早期组织召开会议，正式成立了"共产党北京支部"，李大钊任书记。北京的共产党早期组织建立之后，更加集中精力开展对马克思主义的研究活动。在当时，国内所能得到的文献资料是非常的匮乏，初期的马克思主义者都是在一边翻译、一边学习中前进，他们阅读的著作包括《共产党宣言》等。

为进一步向青年学生宣传马克思主义，李大钊在被聘为北大教授之后，直接走上讲台，讲授《女权运动史》《社会主义与社会运动》等课程，介绍苏俄和世界工人运动的情况、马克思的唯物史观。在 1920 年 12 月，李大钊又组织了社会主义研究会，了這一個研究會。

現在我們已有同志十九人了，籌集了百二十元的購書費，至少要購倘馬克斯全集英德法三種文字的各一份，各書現已陸續寄到，並且馬上就要找定一個事務所，可以供藏書閱覽開會討論之用，我們的意思在憑着這個單純的組織，漸次完成我們理想中應有的希望。

現在謹致意校內外的同志們：賒望你們熱心的贊助，並歡迎你們加入共同研究，今將我們暫擬的幾行規約寫在下面：

二本會叫做馬克斯學說研究會，以研究關於馬克斯派的著述為目的。

三對於馬克斯派學說有興味的和願意研究馬氏學說的人

31.9.10000

發起馬克斯學說研究會啟事，

一九二一年三月二十二日

馬克斯學說在近代學術思想界底價值用不着這裏多說了，

但是我們願意研究他底同志現在大家都覺得有兩層缺憾

；（一）關於這類的著作博大精深，便是他們德意志人對此

尚且有『皓首窮經』的感想，何況我們研究的時候，更加上一

重或二重文字上的障碍，不消說單獨研究是件比較不甚容

易完成的事業了。（三）搜集此項書籍也是我們研究上重要

的任務，但是現在圖書館底簡單設備，實不能應我們的要

求；個人藏書因經濟底限制也是一樣的貧之，那麼關於書

籍一項，也是個人沒有解決的問題。

我們根據這兩個要求，所以各人都覺得應有一個分工互

助的共同學組織，祛除事實上的困難，上年三月間便發起

北京大学马克思学说研究会起草的《发起马克斯学说研究会启事》（手抄本）（之一）

（二）北京大學西齋羅章龍君

高崇煥　王有德　鄧中夏　吳汝明　羅章龍　黃紹谷

王復生　黃日葵　李駿　楊人杞　李梅羹　吳溶滄

劉仁靜　范鴻　宋天放　高尚德　何孟鴻　朱務善

范齊韓

，都可以做本會底會員，入會手續，由會員介紹或自己請
顧但須經會中認可。

（三）研究的方法分四項：

一、集馬氏學說底德英法日中文各種圖書。

一、討論會。

一、講演會。

一、編譯刊印馬克斯全集，和其他有關的論文。

（四）本會設書記二人，擔任購置管理和分配書籍事務。

（五）會員有分擔購置書籍的義務。

（六）本會書籍，會員得自由借閱，但須限期歸還；如會外
人想借閱時，須經本會特別許可，並交納保證金。

通信處（一）北京大學第一院王有德君

北京大学马克思学说研究会起草的《发起马克斯学说研究会启事》（手抄本）（之二）

与马克思主义研究会的成员们一道互助研究马克思主义和社会主义，与各种反马克思主义的思潮辩论。真理总是在辩论中变得更加明朗清晰，在学习研究和争辩中，一大批具有初步马克思主义意识的学生青年成为更加坚定的马克思主义者。

1920 年 11 月，继北京共产党组织之后，北京社会主义青年团在北京大学学生会办公室成立了，北大学生会的负责人高君宇被推选为团书记。作为党的预备学校，他们大力吸纳有变革中国社会思想的青年学生，参与对工人的宣讲和组织运动，筹备"五一"运动，也参与对被捕同僚的营救工作……青年运动无限高涨。1921 年 3 月，在致国际少年共产党大会书中，成员们提到，参与的团员已超过半百之数。

除北京之外，北京支部还参与天津觉悟社、北京人道社、少年中国学会等进步学生团体的改造联合工作，也曾派人到周边各地帮助建党、建团，天津、河南郑州、河北唐山、山西太原都留下了开拓者们的身影。

另外，在工人运动方面，北京党组织也做了大量的工作，与上海《劳动界》呼应，创办出版《劳动音》周刊和《工人周刊》，以实际的典型事例报道工人们所遭受的残酷压迫和剥削，启发工人们的阶级觉悟，并组织起来维护自己的权益。这种刊物很受工人们的欢迎，销量多达几千份。创办劳动补习学校，又成立了工人自己的工人俱乐部。

其他各地的共产党早期组织

武汉的共产党早期组织

江城武汉，九省通衢之地，第二次鸦片战争期间，汉口被辟为通商口岸，各国相继建立租界，民族工业也随之兴起，武汉充满了铁路、海员、矿山和码头的工人。而武昌城的一声枪响，使武汉成为近代革命的发祥地，唤起了无数进步青年的革命热情。

刘伯垂、董必武、张国恩、陈潭秋、包惠僧、郑凯卿[①]、赵子健等7人根据局势，顺应上海的共产党早期组织的号召，建立起武汉的共产党早期组织。

当时，董必武与张国恩已在武汉成立了律师事务所，并且几经筹措，又创办了私立武汉中学，讲授新思潮和新文化。1920夏，李汉俊给二人写信，邀请他们建立武汉的共产党早期组织。同时，另外一名武汉籍律师刘伯垂受陈独秀委托，抄录了一份党纲回到武汉，开始与包惠僧、董必武等人秘密联系。1920年的夏天，共产党武汉支部正式成立，包惠僧被推举为书记。

武汉的共产党早期组织最初的办公地点是武昌多公祠5号，这是用上海的共产党早期组织交付的活动经费租用的，外面挂了"刘芬律师事务所"的牌子，用以掩护党的秘密工作和活动。

党组织成立之后，成员们随后成立了马克思主义研究会，还

---

① 郑凯卿是中国共产党历史上的第一位工人党员。1920年2月，陈独秀在鄂宣讲时结识了武昌文华书院的校工郑凯卿，他欣赏这个善良质朴又积极进步的年轻工人。通过陈独秀，郑凯卿开始接触马克思主义，并在之后利用身份之便调查工人状况，在《新青年》上发表了关于武汉工人的情况调查报告。加入党组织后，他多次参与领导工人运动，在武汉的白色恐怖时期，也曾冒险护送董必武成功转移。

创办了《武汉星期评论》，接连发表《妇女运动》《五一略史》等短评，积极研究、传播马克思主义，继续发展党员。又利用武汉中学的进步氛围，成立了武昌社会主义青年团，而后，汉口的团组织也顺利组建。

长沙的共产党早期组织

岳麓山下，湘江河畔，孕育了众多思想者、革命者，也孕育出了早期长沙的共产党组织。自1918年初，军阀张敬尧坐镇湖南，实行残酷的"清乡"政策，在湖南各乡烧杀抢掠、无恶不作，各阶层民众都对其愤恨不已。1919年，进步学生代表毛泽东联合新民学会会员公开打出"驱张"的旗帜，不仅在湖南省内发动罢工、罢课、罢市风潮，更是亲率代表们分别赶赴全国各地，揭露张敬尧的罪行，以争取全国舆论对"驱张"的支持，最终顺利实现"湖南自治"和"施行民治"。

1920年5月，在"驱张"运动中，毛泽东北上与李大钊等人会晤。接着又赶赴上海拜见了陈独秀，这时正值上海的共产党早期组织筹备之时，陈独秀等人也正考虑在全国其他重要城市建立党组织，毛泽东的拜访恰如其时。而当时陈独秀等对毛泽东的影响也可谓巨大，毛泽东曾表示，在1920年的夏天，他在理论上，而且在某种程度的行动上，他已经是一个马克思主义者了。

而经历"湖南自治运动"的受挫，毛泽东对马克思主义的宣传更加积极深入，他与何叔衡等人先后创办文化书社和俄罗斯研究会，大量销售《共产党宣言》《马克思资本论入门》等经典书刊，一方面鼓励理论学习，一方面也提倡革命青年赴苏俄勤工俭学。后来在上海外国语学社学习并最终赴俄的刘少奇、罗亦农、彭述之等人就是经毛泽东及俄罗斯研究会推荐选派的。

其时，远在法国勤工俭学的好友蔡和森接连给毛泽东来信，提出了他的研究意见，那就是必须组建共产党，因为共产党才是革命的发动者、宣传者、先锋队。经过酝酿，在 1920 年的初冬，毛泽东等人在新民学会中集结马克思主义的信仰者，秘密发起建党，这就是长沙的共产党早期组织。

虽然这个组织还只是初具雏形，但毛泽东等人以新民学会、文化书社以及俄罗斯研究会的名义开展了大量群众工作，以《湖南通俗报》为平台发表了大量苏俄革命的消息和世界工人运动的情况，为湖南的重大政治运动培养了一大批积极的马克思主义者，以开办的湖南第一师范民众夜校和失学青年补习班为据点进行马克思主义的启蒙教育。另外，他们还成立了中韩互助社，以支持朝鲜人民反对日本帝国主义的侵略，成就了湖南人民很早就与朝鲜建立友谊的佳话。

广州的共产党早期组织

广东在当时是另一个地标式的城市，它是近代中国革命的策源地，是新思潮交织的又一大阵地，工人队伍庞大、工会团体众多，进步青年中已有追随马克思主义的坚定力量。

1920 年 8 月，谭平山、陈公博、谭植棠从北京大学毕业返回广东，陈独秀便请他们一起组建广东的共产党组织，以统一领导民众的运动。谭平山等人回到广东后，首先建立的是广州社会主义青年团。团组织自组建伊始，就是党的预备队，早期建党重要人物包惠僧就曾解释说，党被当时的党员们称为本校，而团被称为预校。只是在建党初期，党组织、团组织与马克思主义学说研究会之间的关系略微复杂一些，很多活动难以分别，大都是一班人马搞三方面的活动。

谭平山等人在组建广州社会主义青年团之后，又创办了《广东群报》，创刊号上发表了陈独秀撰写的《敬告广州青年》，吸引了很多信仰社会主义的青年加入。

（31）　　一黨　　　産　　　共一

階級來了。

已經破裂成了不可調和的相衝突的部分而無力足以自救了。因爲這些互相衝突的部分，這些經濟利害相反的階級，應該不繼續他們的無利的爭鬥以自相困疲幷困及社會，于是覺得似乎必需有一個立在社會之上的武力以調和他們的爭鬥力而迫使他們各守自己的「範圍」。可是這個武力本也是從社會內起來的，不過旣起然却立在社會之上，漸漸的就和社會分離了──這個武力就是國家」。（德國版第六版的二一七頁──一七八頁）

上面這一段話，解釋馬克思主義對于國家一字的意義及其歷史的成因底根本觀念實在是十二分的明瞭了。國家是階級衝突的成因底產物與表徵。國家與起於何時何地及推廣至於何度，全視某社會內階級衝突之不可調和是在何時何地及擴大至於何度。換句話講，國家的成立就是証明階級衝突已在不可調和了。

就在這一點上，這最重要而最基礎的一點上，有兩大支的馬克思主義由說起來。

第一呢，中等階級（中產階級 bourgeois）以及下級中等階級（小中產階級）和理想論者──尤以後二者爲甚，──受了已然的歷史事實底脈迫，承認唯「在有階級衝突和階級

常此曲解馬克思主義如此盛行的時候，我們第一要務卻在訂正馬克思敎義之關于國家方面者以恢復其本來的面目。要辦到這一層，只消抄引馬克思和恩格斯兩人著作上的話，便已足够了。自然，我也知道冗長的徵引是料人看了討厭的，而且未必能使人對于不問題加些明瞭；但是要我們免避這些冗長的徵引，是不可能的。無論如何，凡馬克思及恩格斯所著書中講到國家的話，凡是最重要的，一定要儘量的抄引出來，以便讀者對于科學社會主義建立者的理想與發展，得自有其獨立的完全的見解。而且可便現在很占優勢的柯祖港派對于馬克思主義曲解的地方一概明明白白的証明出來。

請先生從恩格斯最有名的著作國家私產及家庭的起源講起，這部書的第六版，是近在一八九四年於 Stuttgart 出版。

恩格斯總括了歷史的分析，他這樣說：⋯⋯

「國家並直不是建立了武力而從外邊加在社會上的。也不是「道德觀念的實體」或「理性的實體與形像」如赫克爾所說。國家只是社會實質發達到某階段時的產物。國家好比似一個消息，報告某社會已陷于不能解決的自相矛盾，

（30）

効仰不流于空想，不逥實現的方法。這就是我們主張共產，等到有空工夫再說能。

熱心改造社會的朋友呀！你們不要只向空想方面走着！你就空想出一個天國，一個黃金世界，社會上實際受着苦的人，不能受你們絲毫的益處！你們總要腳踏實地，向着實現方面實行去！實行！實行！這就是我們底口號。

一九二一，一，二八

主義第三理由。

以上專就一般的理論，說明我們主張共產主義的主要理由的。但是就就中國特殊狀況而論，也是可以應用的。中國有行共產主義的必要，我已于本誌第一號詳說過，現在不必多說。至于中國有實行共產主義的可能性

國家與革命

（列甯著）
P生譯

第一章　階級的社會與國家

一、國家者階級衝突不可調和的結果

馬克思的敎義現在也過到了同樣的厄苦——這危苦在歷史上看來不止一次了——便是其他受制階級中力平的放的革命家與領袖們的敎義所仕追到的。當這些革命家生有的時候，壓制階級莫不施以稱悒的虐待，對于他們的敎義含有最野蠻的仇視，最狂熱的憎恨，並不絕的加以汚蔑與讒諦。但是，一到這些革命家死後，壓制階級又往往用費盡方法把這些革命家綏成了無害的聖人，追尊他們，並且榮顯他們的姓名，貌為『安慰』，被懕制的階款此馬克思倒底特此次痛苦的戰爭敎練出有體面的組織底下工

，其實的目的是在哄騙他們（被壓制的階級，）同時又把那些革命家的革命理論的要義，私加竄改，使成為無精神的平凡的，又把革命的鋩角也磨鈍。現在就是中產階級和勞動運動中在投機派悒合了來共做途改馬克思主義這件事。他們把馬克思主義的革命精神鉉蓋了抹去了曲解了，把這些把污穢些可笑，戲到子可為中產階級敎容器的地方極力的偏張極力的舉揚。一切的 Socialist Chanvinists 現在都成了『馬克思黨』了！——除是記號不同！從前會是曲解馬克思的好手的德國中產階級敎授現在更加欲說『民族的德國人』的

《共产党》1921年1卷4号上发表的P生（沈雁冰）翻译的列宁的《国家与革命》第1章

1920 年底，陈独秀终于踏上广东这片在他看来大有可为的土地，这时，他的身份是教育委员会委员长。在了解广东的工人运动工作领导情况之后，陈独秀与共产国际的代表们认为，广东的工人运动需要一个坚定纯粹的共产主义集团的领导，是时候建立广东的共产党组织了。经过与无政府主义者的论战，1921年的春天，几经酝酿的广州共产党在陈独秀的主持下，由谭平山、陈公博、谭植棠以及共产国际代表米诺尔和别斯林组织成立了，成员还有随陈独秀到广州的袁振英和李季。起初，陈独秀被推举为书记，后来谭平山继任，机关的办公地点就设在高第街素波巷的宣讲员养成所内。

宣讲员养成所[①] 以及后来成立的注音字母教导团，都是隶属于广东教育委员会。宣讲员养成所创立于 1921 年 6 月，是陈独秀任教育委员长之后，为实行教育改革所创办的新型公立学校，也是陈独秀作为广州共产党领导人宣传马克思主义的活动阵地。虽然 1923 年间被关闭，不过作为当时广州中上七校之一，养成所培养了孙律西、萧一平、黄学增等众多党团干部，留下了众多早期共产党人的革命足迹。注音字母教导团同样设立在素波巷广州共产党机关所在的小楼里，主要为中小学教师讲授注音字母并兼授马克思主义原理。后来，素波巷里还创办了机器工人夜校和俄语学校等，引导工人们提高文化水平，积极向马克思主义靠拢。

广州共产党同样以《广东群报》和《劳动与妇女》等报刊为传播平台，创建马克思主义研究会为辅助平台，大力宣传马克思主义，而《新青年》因被上海法国巡捕房查封也南迁入广州，这都大大加快了马克思、列宁学说在广东地区的传播。

---

① 其遗址位于广州第十中学，被称为小红楼。

另外，广州的共产党早期组织在组织工会、开展工人运动的同时，也注意开展对农民的宣传工作，《新农村》就是为广大农民们开设的宣介刊物。

济南的共产党早期组织

五四运动之后，新思潮在山东的传播尤其迅速和广泛。参加五四运动的山东人王乐平于 1919 年 10 月在济南创办了齐鲁通讯社，通过与北京、上海、广州等进步团体建立联系，发行《新青年》《每周评论》《新潮》等各地的进步书刊。后来，通讯社仅仅发行报刊已经满足不了进步学生们的需求，被扩建为齐鲁书社，不仅增加了进步书刊的种类，增售《俄国革命史》《辩证法》《共产党宣言》《资本论入门》等进步书籍，更通过举办讲演和学术研讨会，大力传播进步思想。后来，这里也成为集结起来的马克思主义者的思想阵地和革命场所。

1920 年，上海的共产党早期组织建立之后，陈独秀就发函给王乐平，邀请其在山东组建党组织。当时，王乐平还有一层重要的身份，他是国民党的著名人物、山东省议会议员。在组建党组织时，王乐平推荐了在五四运动及齐鲁书社活动中表现积极且信仰马克思主义的王尽美和邓恩铭参与组织筹备。[1]

1920 年底，王尽美和邓恩铭依托于齐鲁书社发起了励新学会，吸纳了很多志同道合的革命青年，并在 1921 年春天，组建起了济南的共产党早期组织。在党的一大召开之前，济南的共产党早期组织积极通过励新学会团结进步青年，出版《励新》刊物宣传革命的新思想、新希望，出版《济南劳动周刊》，组织工人

---

[1] 党史研究为我们还原了更多进步人士和革命者的生平经历，塑造了更加立体的革命形象。近年来，通过查阅莫斯科的关于共产国际的档案，我们发现王乐平在 1921 年冬天出席国际东方会议时，填写的身份是"中华共产党"，而邓恩铭填写的也是"中华共产党"。这说明，王乐平不仅仅是进步分子，还是山东最早的共产党员之一。

美國共產黨黨綱

P生譯

時候，他們有點遲疑顧忌麼？死在歐洲戰場上的幾百兆人，都是爲資本家要得經濟上的利益自相殘殺而死的，這不是暴動和武力是什麼？霍木斯堤、勞倫絲、麥克登絲陸克斯、的事件，魯特洛科洛度的屠殺，印第安港口被殺死的工人，還有那在爭較好的工錢和較好的工作條件的戰爭中被資本家支部謀死的幾千工人，這些又是什麼呢？

共產黨現在還不是鼓吹用那資本家所稱的「武力和暴動」哩。共產黨鼓吹的是團結勞工階級，用羣衆的力量去反抗現存的資本政府，建立一個勞工階級的政府來代替他。如果爭權的最後一時間必須用了武力勞工階級方能得勝，——歷史曾告訴我們，例如革命便是——那麼共產黨便欲用他，一點不疑惑；甚至於像現在資本家用來反對

勞工階級的武力行動，也是要用的。合衆國的勞工啊，資本家謀倒你們，拔奪你們，你們想反抗呀，他們就用政府的權力來攻擊你們，甚至於遠用武裝的強力來攻擊你們，這是他們用過來對付鋼鐵工人和礦工的。共產黨宣言，勞工們一定先得把自己的政府代替了資本家的政府，纔算是解放的第一步。因爲勞工們自己的政府能指出到自由的路給勞工階級，這路是勞工階級的仇敵正在攻擊的。

合衆國的勞工呀，共產黨人作戰，爲的是你們。你們表示你們的同心合力呀，被放逐被下獄，也爲的是你們。你們集中你們的力量付托給共產黨呀。你們立在你們同伴工人的一面，一齊對資本家作戰罷。

第一章　名稱　宗旨　黨徽

第一條　本黨定名爲美國共產黨。　就是國際共產黨在美國的一個支部。

第二條　美國共產黨是有階級覺悟的勞工們中間的急進分子組織的。　他的宗旨是要教育勞工們組織勞工們去推翻資本家的國家，建設勞工專斷的政治，廢除資本制度，發展一個共產主義的社會。

第三條　本黨的黨徽是一個鎚，一把鐮刀，和一束小麥，團在「一切權力都到勞工」這幾個字的上面，徽章的邊緣更有兩行字，一是「美國共產黨」這幾個字，一是「國際共產

《共产党》第2号发表的《美国共产党党纲》

俱乐部和工人夜校，团结了一大批工运骨干。

旅法华人中的共产党早期组织

经过五四爱国运动的推动，一大批进步青年赴法国勤工俭学。蔡和森、赵世炎、李立三等人经过学习运动，曾商讨过建党计划。不过，因为他们都参加了"二·二八运动""拒款运动"和进驻里昂中法大学的斗争，蔡和森、李立三等人被法国当局押送回国，建党计划最终没有成形。

直到1920年底，参与创建北京的共产党早期组织的张申府带着建党任务来到法国里昂，他首先介绍了刘清扬和在法留学的周恩来入党。后来，他们又设法与陈公培、赵世炎等取得了联系，陈公培曾与陈独秀一道在上海建党，还带了一份抄写的党纲远赴重洋。

怀揣着发奋读书、立志报国的理想，1921年初，张申府、刘清扬、周恩来、陈公培、赵世炎5人在法国组成了旅法共产党组织，有计划地秘密联络在法的勤工俭学的学生，在旅法的华工中开展斗争活动。

旅日华人中的共产党早期组织

早期的共产党组织还有另外一个分支，就是旅日的共产党早期组织，其发起人有两人，即施存统和周佛海。

施存统和周佛海都是在加入了上海的共产党早期组织之后东渡日本的。1920年6月，作为上海的共产党早期组织发起人，施存统带着抄写的党纲去到日本，一边治病，一边学习，一边发表研究马克思主义的理论文章。而周佛海当时在日本鹿儿岛的第七高等学校留学，并对社会主义有了诸多兴趣和研究。在回国期间，周佛海拜访了陈独秀，并经陈介绍成为正式的共产党员。

1921年秋天，经陈独秀的介绍，施存统、周佛海二人在日本正式发起了旅日共产党组织，凭借日本相对较多的马克思、恩格斯的著作，积极针对国内实际和斗争形势，撰写有影响的理论文章，如《实行社会主义与发展实业》《我们为什么主张共产主义》《夺取政权》《我们怎么样干社会革命》等众多文章，都是二人当时有力的理论成果和政治呼喊。

"与劳工为伍"

五四运动后，中国先进分子看到了工人阶级的蓬勃力量，而随着十月革命的胜利之声传入、马克思主义学说的广泛传播，工人阶级的革命地位更加凸显出来。

1918 年，中国上海出版的《劳动》月刊第一次向中国的劳动者们介绍了五一节的意义。1919 年 5 月 1 日，李大钊曾说，明年后的 5 月 1 日将有更多的人注意它、纪念它。

1920 年 5 月 1 日，中国多地爆发了纪念五一国际劳动节的活动，"五一"这个词更多地见诸报端，更多地被工人们提及。

在上海，《新青年》和《星期评论》都出版了劳动节纪念专号，陈独秀等人还联合七个工界团体筹备了纪念劳动节大会。虽然现场多次遭到军警的阻挠，会场多次变更，不过参会人数依然可观。工人们一致提出要求"三八制"（劳动、休息和学习各占 8 小时），争相呼喊"劳工万岁"的口号。

在北京，北大学生们罢课一天，聚集起来召开了纪念大会，会后，学生们走上街头，沿街进行讲演、散发传单。邓中夏等人更是赶往长辛店劳工聚集区，沿途高呼口号，散发传单，后来被闻讯赶来的军警逮捕。

在广州，工人群众的纪念活动更加声势浩大，东园广场里，一片红旗飞扬，大多上书"打倒阶级制度""劳工神圣"等标语，几万人聚集在一起，口号喧天，这样的声势，足可以载入中国劳工运动的历史……

各地相继建立党的早期组织之后，对劳工的组织更加有针对性了。

上海的《劳动界》和《伙友》为广大工人们提供了能够表达思想的平台，诸如《我们流出的血汗到哪里去了》《今日劳工的责任》《工人应该觉悟的地方》等文章，都是觉醒的上海工人

1920年5月1日，上海《星期评论》编辑部特出版《星期评论劳动纪念号》，刊载李大钊、李汉俊等人的文章，纪念五一国际劳动节

写作的稿件。

北京创办的《劳动音》和《工人周刊》则刊登工人们身边时常发生的具体事实和案例，如唐山煤矿工人的严酷工作、南京织机工人痛打议员事件等，贴合工人们的心理，引导工人们奋起反抗。

武汉的共产党早期组织的成员也深入到纱厂工人、人力车工人和铁路工人之中，调查工人们的工作、生活情况，先后发表了《武汉工厂调查》《武汉苦力状况》《武汉工厂纪略》等报告，并带领武汉的工人和农民们喊出了"打倒军阀"的口号。

上海的李启汉等人在小沙渡纱厂工人集中地方开办了工人半日学校，又相继帮助工人们组织起上海机器工会、上海印刷工会、纺织工会、上海邮电工会等，还组织了上海工人游艺会，鼓励工人们高高兴兴地联合，团结力量进行改革。这些贴近劳工的活动，确实取得了实效，据《劳动界》在 1920 年底的统计，上海已发生了 40 多次罢工运动，参加的工人多达近万人。

北京的共产党早期组织选中了长辛店这个地方。古镇长辛店位于北京市丰台区永定河西岸，卢沟桥畔，自古便是西南进京的要道。在当时，那里还是京汉铁路北段工人的聚集区，集中的工人约有三四千。1921 年 1 月，邓中夏、张太雷等四人组织起了长辛店的劳动补习学校，北大的师生们轮流去为工人和工人子弟讲课，既传授文化知识又传播革命思想，用"五人团结一只虎，十人团结一条龙，百人团结成泰山，谁也搬不动"之类的形象教育，引导加强团结合作，为工人运动打下深厚基础。在 1921 年 5 月 1 日，长辛店工人俱乐部成立了，这实际是我国北方的第一个工会组织，工人们为了与被工头们把持的工会相区别，选择了"俱乐部"这一称谓，而这也成为当时一段时期内全国各地工会的通称。

广州也成立了河南机器工人补习学校，并相继组建了理发

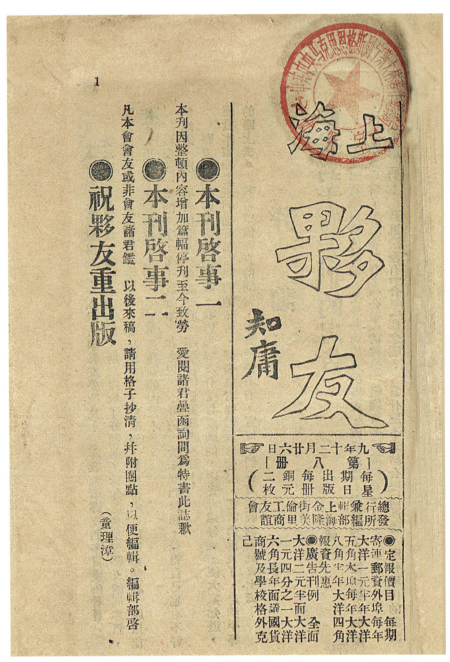

陈独秀等创办的《伙友》，向工人宣传马克思主义

工会、广州土木建筑工会等。据《广东群报》统计，1920 年 5 月到 1921 年 5 月的一年时间里，广州成立的各种工会达 32 个之多，而组织的工人罢工也有 8 次之多，充分展现了广州工人的觉悟和斗争意识。

济南的共产党早期组织在王尽美等人的组织下，在济南大槐树机车厂、青岛四方机车厂、淄博煤矿以及济南的印刷业、理发业的工人中开展活动。北京的长辛店工人俱乐部组织起来之后，王尽美等人还凑了盘缠，送进步工友前去参观考察，后来便在济南组织起了津浦铁路大槐树机厂工人俱乐部和工人夜校，组织文化学习，深受工人们的欢迎。

各地的共产党早期组织建立之初，根据不同的发展和运动情况，都在满腔热血地宣传马克思主义、联合工人阶级，为中国共产党的诞生以及之后蔓延全国的革命斗争打造了大好的形势。早期的成员在后来的革命中有的不幸牺牲，有的因理念不同走上了分化道路，但是他们对中国共产党建党的早期贡献难以磨灭。

党的第一次全国代表大会

恩格斯指出："要是无产阶级在决定关头强大到足以取得胜利，无产阶级必须组成一个不同于其他所有政党并与它们对立的特殊政党，一个自觉的阶级政党。"[①] 十月革命和五四运动促进了马克思主义在中国的广泛传播及其与工人运动的初步结合，一大批具有共产主义信仰的先进分子的出现，以及各地相继出现的中国共产党早期组织为建党做了思想上和组织上的准备。

1921年3月，李大钊撰文呼吁："中国现在既无一个真能表现民众势力的团体，C派（共产主义派 —— 编者注）的朋友若能成立一个强固精密的组织，并注意促进其分子之团结的训练，那么中国彻底的大改革，或者有所依托。"1921年6月初，共产国际代表马林和共产国际远东书记处代表尼克尔斯基先后到达上海，并与上海的共产党早期组织成员李达、李汉俊取得联系，建议召开党的全国代表大会，正式成立中国共产党。随后，李达主持进行全国代表大会的筹备工作，向各地党的组织发出通知，要求各派代表二人到上海开会。"代表大会定于六月二十日召开，可是来自北京、汉口、广州、长沙、济南和日本的代表，直到七月二十三日才到达上海，于是代表大会开幕了"。[②]

1921年7月23日，各地代表全部到达上海，在博文女校召开了简短的预备会，大家一致认为党的代表大会已经准备就绪，当立即举行。是日晚8时，中国共产党第一次全国代表大会

---

① 中共中央编译局：《马克思恩格斯选集》第4卷，人民出版社，1995年，第685页。
② 李大钊：《团体的训练与革新的事业》，《李大钊全集》第3卷，人民出版社，2013年，第350页。

在上海法租界望志路 106 号（今兴业路 76 号）李汉俊胞兄李书城（中国近代民主革命家，新中国首任农业部长—编者注）家中举行。来自全国 6 个地方和旅日的党组织的代表共 13 人出席大会，他们代表着全国 50 多名党员（见附表 1）。这些代表是：上海的李达、李汉俊，北京的张国焘、刘仁静，长沙的毛泽东、何叔衡，武汉的董必武、陈潭秋，济南的王尽美、邓恩铭，广州的陈公博，旅日的周佛海，受陈独秀委派的包惠僧。他们平均年龄 28 岁，毛泽东当年也是 28 岁，年龄最小的刘仁静仅 19 岁。陈独秀在广州任职，李大钊因有公务，二人皆未出席会议。共产国际代表马林和尼克尔斯基出席了大会。张国焘主持大会，并在当晚的第一次会议上说明了大会的意义，宣布大会的主要任务是制定党的纲领和实际工作计划。共产国际代表马林作了一个较长时间的讲话，建议中国共产党要特别注意建立工人的组织，把工人中的积极分子吸收到党内来。尼克尔斯基也在会上讲话。

7 月 24 日举行第二次会议，代表们汇报各地组织的发展情况和存在的问题。根据马林的建议，选出了由张国焘、董必武、李达组成的起草党纲和工作计划的委员会。25 日和 26 日休会两天，用于起草会议文件。经过两天的紧张工作，起草委员会拿出了《中国共产党的第一个纲领》和《中国共产党的第一个决议》初稿，供代表讨论。

中共一大前党组织成员名单

上海中共 早期组织（14人）	陈独秀、李汉俊、李达、陈望道、沈玄庐、邵力子、袁振英、林伯渠、沈雁冰、沈泽民、杨明斋、俞秀松、李启汉、李中
北京中共 早期组织（16人）	李大钊、张国焘、邓中夏、高君宇、何孟雄、罗章龙、刘仁静、范鸿劼、缪伯英、张太雷、李梅羹、朱务善、江浩、宋介、吴雨铭、陈德容
武汉中共 早期组织（8人）	董必武、陈潭秋、包惠僧、刘伯垂、张国恩、赵子健、郑凯卿、赵子俊
长沙中共 早期组织（6人）	毛泽东、何叔衡、陈子博、贺民范、易礼容、彭璜
广州中共 早期组织（4人）	谭平山、谭植棠、陈公博、李季
济南中共 早期组织（3人）	王尽美、邓恩铭、王翔千
旅法中共 早期组织（5人）	张申府、刘清扬、周恩来、赵世炎、陈公培
旅日中共 早期组织（2人）	施存统、周佛海

注：本表根据中共中央党史研究室：《中国共产党的九十年（新民主主义革命时期）》、中共嘉兴市委宣传部等：《中国共产党早期组织及其成员研究》，整理而成。

　　27日、28日、29日连续举行了三次会议，代表们对起草委员会提出的党纲进行研究和讨论，对有些问题产生了激烈争论。30日晚，举行第六次会议，原计划是通过党纲和研究今后的工作计划，选举中央领导机构。但会议开始后不久，突遭法租界巡捕房的干扰，马林建议会议中止。李达夫人王会悟提议并经代表们商定，最后一天的会议改在浙江嘉兴南湖的游船上举行。李汉俊留守上海，陈公博携妻赴杭州未参加南湖会议，共产国际代表马林和尼克尔斯基为避免引人注意，也没有出席会议。代表们继续上海未尽的议程，会议讨论和通过了《中国共产党的第一个纲领》和《中国共产党的第一个决议》。党纲决定，党的名称为中国共产党，党的性质是无产阶级政党。党的第一个决议规定，党的基本任务是成立产业工会，加强对工会和工人运动的研究和领导。大会还通过了《关于当前实际工作的决议》，确定党目前的中心任务是组织工人阶级，领导工人运动。考虑到党员数量少和地方组织尚不健全，大会决定暂不成立党的中央执行委员会，选举陈独秀、张国焘、李达组成中央局领导全党的工作。陈独秀为中央局书记、张国焘负责组织工作，李达负责宣传工作。

中国共产党第一次代表大会宣告了中国共产党正式成立。"从此，中国人民谋求民族独立、人民解放和国家富强、人民幸福的斗争就有了主心骨，中国人民就从精神上由被动转为主动"。

中国共产党的成立不是偶然的。它是近代中国历史发展的必然产物，是中国人民在救亡图存斗争中顽强求索的必然产物，也是中华民族在追求复兴的道路上不断觉醒的必然产物。中国共产党的成立是中华民族发展史上"开天辟地的大事变"，它给灾难深重的中国人民带来了光明和希望，从根本上改变了近代以来中国人民争取民族独立和国家富强斗争屡遭挫折和失败的局面。中国共产党的诞生，中国革命就有了正确的前进方向，中国人民有了强大的凝聚力量，中国命运有了光明的发展方向。

结 语

　　马克思主义在中国的早期传播反映了先进的中国人为挽救国家和民族危亡，从初步接触到广泛接受并主动传播马克思主义这一历史过程。近百年来，在马克思主义思想指引下，中国共产党带领全国各族人民战胜各种艰难险阻，取得了中国革命、建设、改革的伟大胜利。站在新的更高的历史起点上，让我们紧密团结在以习近平同志为核心的党中央周围，不忘初心，牢记使命，为实现中华民族伟大复兴的中国梦而努力奋斗。

编后记

在马克思诞辰 200 周年之际，我们推出了"不忘初心 —— 马克思主义在中国早期传播"展览。展览分为三个部分："东方欲晓 —— 马克思主义初步传入中国""光耀神州 —— 马克思主义在中国广泛传播""思想奠基 —— 中国共产党的创建"。为了让更多读者了解马克思主义在中国早期传播的不平凡历程，展现早期马克思主义者坚定的理想信念，深刻认识中国共产党诞生的历史必然，我们将展览中的部分内容进行通俗化阐释，编辑成册，让理论更加贴近群众。

首先，我们将书名确定为《不忘初心 —— 马克思主义在中国的早期传播》，以便使读者对本书的书写主线索一目了然；其次，在展览大纲的基础上，扩展和丰富了内容，增加了更多可读性的历史人物、事件以及细节的史料，增强阅读的知识性、趣味性；再次，补充了一些绘画作品、文献图片作为插图，以图文并茂的形式增强了阅读过程中的舒适性，满足和贴近当下读者的阅读需要。

本书由"不忘初心 —— 马克思主义在中国早期传播"策展组编著，张远航主编。其中第一篇各章由张远航编著；第二篇第一章"马克思的名字第一次传入中国""孙中山与社会主义学说""梁启超与社会主义思想"由云巳茹编著，"赵必振与《近世社会主义》""马君武与社会主义学说""朱执信与马克思学说""刘师培与马克思学说""马克思的形象首次在中国出现"由鲍传健等编著；第二篇第二章"陈独秀与《新青年》""李大钊与《我的马克思主义观》""使毛泽东树立起马克思主义信仰的三本书"由冯瑾编著，"陈望道与《共产党宣言》"由曹子悦编著，"马克思主义与非马克思主义的论争"由李明珠编著；第二篇第三章"日本渠道"由云巳茹编著，"西欧渠道"由魏宁宁、冯瑾编著，"苏俄渠道"由张然、冯瑾编著；第二篇第四章"上海的共产党早期组织""北京的共产党早期组织""其他各地的共产党早期组织""与劳动为伍"由许萌编著，"党的第一次全国代表大会"由柳宁编著。

最后，谨向"不忘初心 —— 马克思主义在中国早期传播"展览筹备和展出过程中，以及本书的编撰过程中，给予我们关心和支持的领导、专家以及社会各界人士表示诚挚的感谢。